Kräuter

George Carter

Kräuter

Mit Fotografien
von Marianne Majerus

Aus dem Englischen
von Dr. Gertrud Scherf

Bechtermünz Verlag

Genehmigte Lizenzausgabe
Weltbild Verlag GmbH, Augsburg 1999

Titel der englischen Originalausgabe:
Gardening with Herbs, erschienen 1997 bei
Ryland Peters & Small, London

Übersetzung: Sibylle Möhring, München
Redaktion/Fachberatung:
Dr. Gertrud Scherf, Osterhofen-Galgweis
Gesamtkoordination der deutschen Ausgabe:
MediaCompactService Schabert, München
Einbandgestaltung: Studio Höpfner-Thoma, München
Gesamtherstellung: Sun Fung Offset Binding Co. Ltd.
Printed in China
ISBN 3-8289-1573-6

Inhalt

Gärtnern mit Kräutern beschränkt sich nicht nur auf die Anzucht der 20 gängigen und beliebten Küchenkräuter. Der Kräuteranbau ist auch historisch gesehen interessant, denn sehr viele dieser Pflanzen wurden in der Vergangenheit für die Verwendung in Küche und Heilkunde gezogen. Schmökert man in alten Kräuterbüchern, so entdeckt man eine aufregende und ungewöhnliche Auswahl von Pflanzen und erfährt zusätzlich etwas über ihre Bedeutung und ihren Symbolgehalt. Tatsächlich kommt der Anbau von Kräutern dem Anlegen einer Weltkarte gleich, denn die frühen Kräutersammler und -händler durchstöberten sämtliche damals bekannten Weltgegenden nach neuen Kräutern.

Wenig bekannt ist, daß Kräuter oftmals lebhafte Farben oder auffallende Blattformen haben. So finden Sie in diesem Buch sehr unterschiedliche Kräutertypen – angefangen bei schönen Mittelmeerkräutern mit gedämpften Farbkombinationen bis hin zu Neulingen mit kräftigen Farben und ausgefallenen Blattmustern.

Das Buch zeigt sehr kleine, aber auch recht umfangreiche Gestaltungsvorschläge für Kräutergärten. Alle lassen sich jedoch in einem normalen Stadtgrundstück verwirklichen, und viele eignen sich sogar für einen Hinterhof, den Balkon oder die Fensterbank.

George Carter

oben In dem mit Akelei und *Lychnis coronaria* 'Alba' bepflanzten Ornamentgarten sorgt die kräftige Buchsumrandung für optische Klarheit.

oben Alte Bauerngartenblumen wie Stiefmütterchen, Schwarzkümmel und weißes Hornkraut besiedeln ein buchsgesäumtes Beet.

Traditionelle Gärten

Bis zum Ende des 19. Jahrhunderts wurden Kräutergärten meist nach einem bestimmten Muster angelegt, wie z.B. der Kräuter-Ornamentgarten des 16. und 17. Jahrhunderts. Aber auch große, geometrisch angelegte Beete, Kräuter-Formbäume, Schachbrettmuster und ausgefallene Randeinfassungen etwa aus Ysop, Raute und Echtem Gamander waren üblich.

oben Dieser traditionelle Garten hat einen einfachen halbkreisförmigen Grundriß. Die buchsgesäumten Flächen sind üppig bepflanzt mit Lavendel, Ysop, Zypressenkraut und dem Blau-Schwingel *Festuca glauca.* Der Plan läßt sich ohne weiteres für kleine Gärten abwandeln.

oben Dieses verschlungene Ornament aus Echtem Gamander *(Teucrium chamaedrys)*, Zypressenkraut und Ysop zierte bereits elisabethanische Gärten. Sorgfältige Pflege ist für das kompakte Aussehen nötig.

rechts Von Buchs gesäumtes Zypressenkraut *(Santolina chamaecyparissus)* – eine gelungene traditionelle Pflanzkombination. Die Zypressenkrautblüten sollte man vor der Vollblüte entfernen, sonst wuchert die Pflanze aus.

oben Die ziemlich dichte Buchseinfassung sorgt für strenge Linien in einer sonst üppig wuchernden natürlichen Anlage. Der langsam wachsende Buchs *(Buxus sempervirens* 'Suffruticosa') ist eine sehr geeignete niedrige Einfassung. Einen zusätzlichen Kontrast bildet der Kiesweg.

Kräuterzierfomen

HOLZGEWÄCHSE UNTER DEN KRÄUTERN können zu Zier-Formbäumen für Töpfe und sonstige Behälter herangezogen werden und so als Strukturelement in einem Kräuterbeet oder als Blickfang neben einem Eingang oder Sitzplatz dienen. Rosmarin läßt sich besonders gut als Halbstamm ziehen. Der mediterranen Pflanze behagt und steht Terrakotta. Man kann auch Lorbeerbäume und Myrte als Form-Halbstämme und Kräuter wie Lavendel zu kleinen Kugelformen ziehen.

Material & Ausrüstung

1 junger Rosmarin (Rosmarinus officinalis) • *1 Terracottatopf, 28 cm Ø* • *1 l Pflanzerde* • *Stab von 60 cm Höhe* • *beschichteter Draht oder Plastikschnur* • *Gartenschere*

Schritt 5

Damit eine dichte und formschöne Krone entsteht, werden während der Wachstumsphase im Frühjahr und Sommer jeweils die Enden der Spitzensprossen abgeschnitten, sobald diese 8–10 cm erreicht haben. Die Abschnitte kann man im Haushalt verwenden.

Schritt 6

Damit die dichte Krone erhalten bleibt, das Rosmarinbäumchen alljährlich in der Wachstumsphase in der beschriebenen Weise beschneiden. Eine Bepflanzung mit Stiefmütterchen *(Viola* x *wittrockiana)* schmückt zusätzlich.

Pflegehinweise

- *Regelmäßig und gründlich gießen, vor allem bei Sonne und Wind.*
- *Während der Wachstumsphase schneiden sowie Blätter am Stamm entfernen.*
- *Während der Wachstumsphase alle 14 Tage mit Flüssigdünger gießen.*
- *Im Frühjahr in größere Töpfe umsetzen oder frischen Kompost oder langsam löslichen Dünger aufstreuen.*
- *Pflanze an einem hellen und frostfreien Platz überwintern lassen.*

Schritt 1

1. Jahr

Stammbildung

Rosmarinpflanze mit einem einzelnen starken Haupttrieb wählen und sie mit der Pflanzerde in den Terrakottatopf pflanzen. Den Stab, der die endgültige Halbstammhöhe kennzeichnet, danebenstecken, und Pflanze und Stab locker mit dem Draht oder der Plastikschnur zusammenhalten. Dabei Rinde nicht beschädigen!

Schritt 2

Mit der Gartenschere Seitentriebe entfernen, damit die gesamte Kraft dem Haupttrieb zugute kommt. An der Stammspitze genügend Triebe stehenlassen, damit die Pflanze stark wird und eine kräftige Krone ausbildet.

Schritt 3

2. Jahr

Gestalten der Krone

Wenn der Rosmarinstamm eine Höhe von 40 cm über dem Erdniveau im Topf erreicht hat, schneidet man das Ende des Haupttriebs ab. Dieser Schnitt kennzeichnet in etwa den Ansatz der endgültigen Krone.

Schritt 4

Die einzelnen Spitzentriebe wachsen lassen. Sobald sie eine Länge von 8–10 cm erreicht haben, jeweils das obere Ende abschneiden. Den Hauptstamm von Seitensprossen freihalten.

Schachbrett-anlage

DER KONTRAST ZWISCHEN planvoller Anlage und üppigem Wachstum erfreut das Gärtnerauge. Hier ordnet ein Schachbrettmuster den ansonsten zwanglos gestalteten Garten. Schachbrettmuster als Gestaltungsmittel stammen aus dem 16. und 17. Jahrhundert und eignen sich sehr gut für kleine Gärten. Die in Form geschnittenen Kräuter bilden flache Quadrate und betonen so den Farbunterschied zum Kies.

Material & Ausrüstung

Holzbrett, 1400 x 13 x 2,5cm • verzinkte Nägel, 5 cm lang • je 1 l helles Holzschutzmittel und schwarze Holzfarbe • 6 strapazierfähige schwarze Polyäthylenplatten, 45 x 45 cm • Feinkies • Grobkies • abgelagerter Mist • mit Gartenerde vermischte Pflanzerde • 54 Rosmarinpflanzen (Rosmarinus officinalis)

Schritt 5

Die Erde in den Quadraten, die für feinen Kies vorgesehen sind, festklopfen und mit den schwarzen Polyäthylenplatten belegen. Dann Feinkies bis zu 2,5 cm unter den Rand des Gerüsts einfüllen. Andere Effekte können durch die Verwendung von Schotter, farbigem oder weißem Splitt erzielt werden.

Schritt 6

Jeweils neun Rosmarinpflanzen in die übrigen Quadrate setzen. Das Bodenniveau sollte 2,5 cm unter dem Gerüstrand liegen. Geeignet sind auch andere dichte und beschneidbare Pflanzen wie Raute, Zypressenkraut oder Thymian. Pflanzen stutzen, damit das flächige, geregelte Gesamtbild entsteht.

Schritt 7

Einen Kontrast zum Feinkies im Schachbrett bietet bei der abgebildeten Anlage die Einfassung mit Grobkies; Gras würde aber genauso gut aussehen.

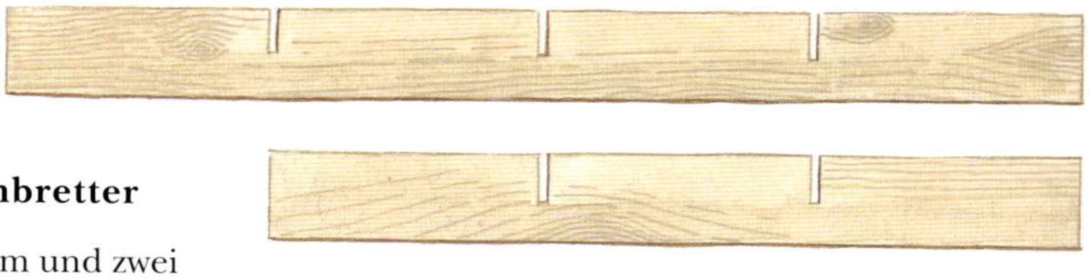

Schritt 1

Vorbereiten der Innenbretter

Vom Holzbrett drei 133 cm und zwei 178 cm lange Bretter absägen. Die Bretter mit Einschnitten – Breite 2 m, Tiefe 6 cm – versehen (siehe Zeichnung). Zwei Einschnitte sind jeweils 43 cm voneinander entfernt.

Schritt 2

Zusammenbau des Innengerüsts

Für das Innengerüst die drei 133 cm langen Bretter in die Einschnitte der zwei 178 cm langen Bretter stecken (siehe Zeichnung).

Schritt 3

Zusammenbau des Schachbretts

Vom Holzbrett zwei 135,5 cm und zwei 180,5 cm lange Außenbretter absägen. Diese vier Außenbretter entsprechend der Zeichnung mit den verzinkten Nägeln auf das Innengerüst nageln. Das Schachbrett dann mit dem hellen Holzschutzmittel einlassen (entfällt, wenn das Holzbrett bereits vorbehandelt ist).

Schritt 4

Den Untergrund herrichten

Ein Beet von 1,8 x 1,8 m vorbereiten: umgraben, jäten und abgelagerten Mist einarbeiten (siehe „Tiefe Bodenbearbeitung" unter Grundtechniken, S. 97). Das Beet 8 cm tief ausheben. Das Holzgerüst schwarz streichen und so in den Boden einsenken, daß es 5 cm aus der Erde herausschaut.

Thymianbeet

DIE VIELEN VERSCHIEDENEN THYMIANVARIETÄTEN lassen sich hervorragend miteinander kombinieren. Das sieht man an diesem Beet, das ausschließlich unterschiedlichen Thymiansorten vorbehalten ist. Bei der Auswahl der Pflanzen sollte man auf Blatt- und Blütenfarbe, Duft und Wuchstyp achten. Es gibt aufrechten und kriechenden Thymian, aber selbst die größten Exemplare wachsen meist nicht über 30 cm hinaus, deshalb ist er ideal für kleine Ecken oder unters Fenster.

Material & Ausrüstung

4 Holzpflöcke • 9 m Schnur • Winkelmaß • Spaten •
abgelagerter Mist • Knochenmehl oder Wurzeldünger •
15 Töpfe Gemeinen Buchs (Buxus sempervirens) •
19 Töpfe Einfassungsbuchs (Buxus sempervirens *'Suffruticosa'*) •
Thymianpflanzen (siehe Schritt 4, gegenüber)

Schritt 4

Einpflanzen des Thymians

Bei den Thymianpflanzen für diesen Vorschlag handelt es sich um im Topf gezogene Varietäten. Richten Sie sich nach dem folgenden Plan (siehe auch „Einpflanzen im Topf gezogener Kräuter“ unter Grundtechniken, S. 96). Zusätzlich könnte man andere Thymiansorten auswählen, etwa Cilicischen Thymian *(Thymus cilicicus)* und Breitblättrigen Thymian *(Thymus pulegioides)*.

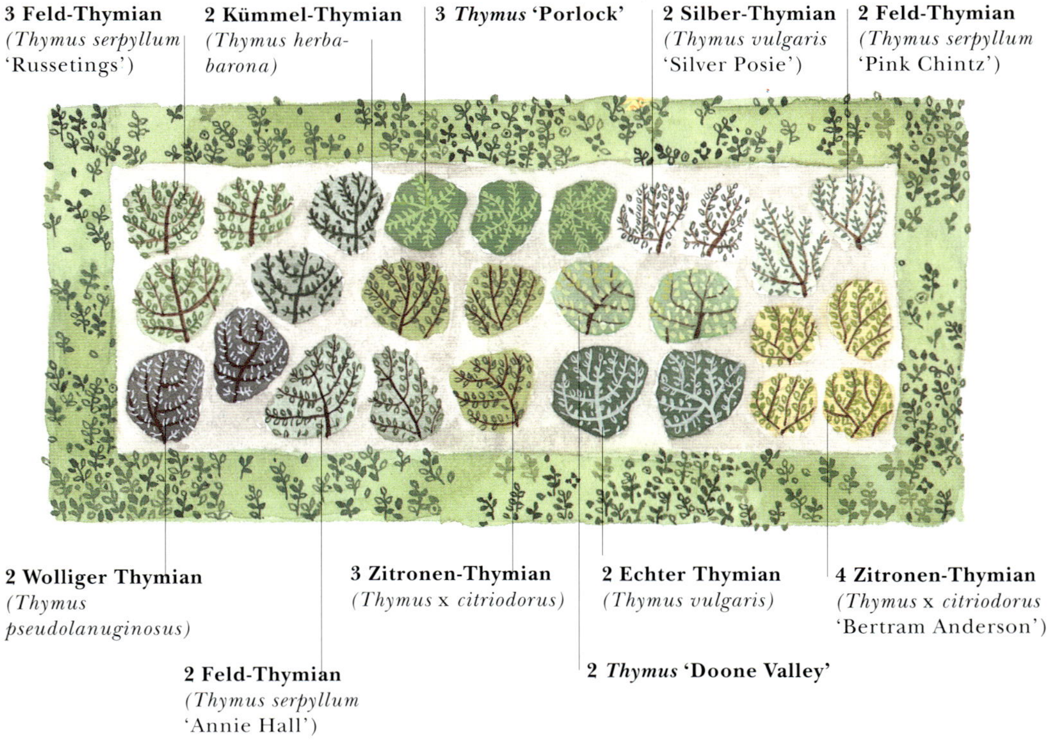

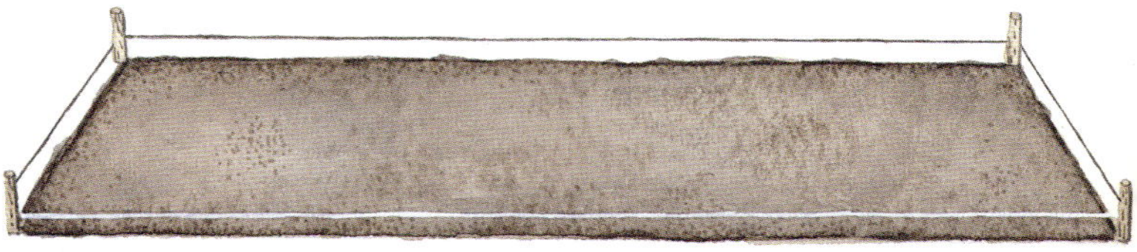

Schritt 1

Vorbereiten des Beetes

Als Beet für die Bepflanzung im Herbst sucht man einen sonnigen und trockenen Platz aus. Schwerer Lehmboden sollte umgegraben und mit Humus und scharfkörnigem Sand vermischt werden. Mit Pflöcken und Schnur ein Feld von 3x1,4 m abstecken und mit dem Winkelmaß überprüfen, ob die Ecken rechtwinkelig sind. Grasnarbe entfernen und Boden umgraben (siehe „Tiefe Bodenbearbeitung“ unter Grundtechniken, S. 97).

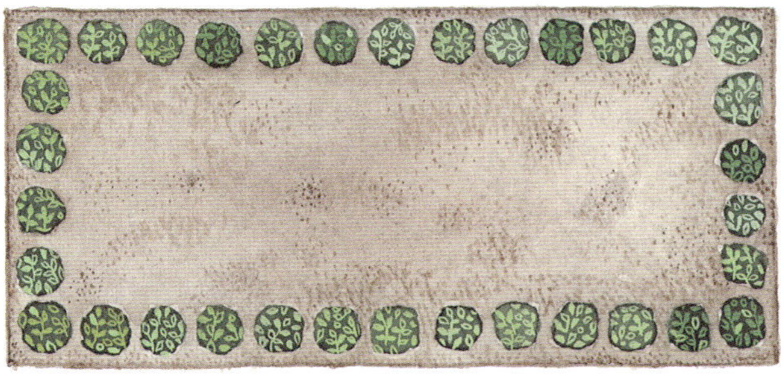

Schritt 2

Einpflanzen des Buchses

Im Topf gezogener Buchs kann das ganze Jahr über gesetzt werden, am besten jedoch im Herbst. Für die Umrandung pflanzt man zunächst einen Gemeinen Buchs in jede Ecke, dann elf Gemeinen Buchs entlang der hinteren Längskante. Elf Einfassungsbuchs kommen an die vordere Längskante und je vier an die beiden Breitseiten (siehe Zeichnung). Den Buchs im Abstand von 23 cm und etwa 10 cm vom Beetrand entfernt pflanzen (siehe Pflanzhinweise für im Topf gezogene Holzgewächse unter „Rabatte in Blau und Grau“, S. 32-34).

Schritt 3

Den Buchs zuschneiden

Wenn die Bäumchen eingewurzelt sind, schneidet man sie zur Anregung des Wachstums im Frühjahr zurück und stutzt sie den Sommer über regelmäßig, damit sie gepflegt und dicht wirken. Den Gemeinen Buchs läßt man an Hinterkante und Ecken, wie rechts zu sehen, etwas höher wachsen.

Kamillenbank

BÄNKE AUF DEM RASEN haben ihren Ursprung in mittelalterlichen Gärten. Die aus Weidengeflecht, Ziegelsteinen oder Holzbrettern errichteten Bänke wurden mit Aromakräutern oder Gras bepflanzt und boten eine angenehm duftende Atmosphäre. Häufig plazierte man die Bänke in Nischen oder Lauben, die von angenehm duftenden Kletterpflanzen wie Geißblatt und Rosen umrankt waren. Um altem Eichenholz zu ähneln, wurde diese Bank grau gestrichen.

Material & Ausrüstung

Holz, 990 x 15 x 2,5 cm, 200 x 5x5 cm, 280 x 2,5 x 2,5 cm • Außensperrholz, 114,5 x 44,5 x 1 cm • 4 gedrechselte Holzknöpfe, 10 cm hoch, mit 1 cm langen Zapfen • elektrische Bohrmaschine und Flachfräsbohrer oder Handbohrgerät • Edelstahlschrauben, 0,45 x 5 cm und 0,45 x 3,5 cm • 1 l helles Holzschutzmittel • 2,5 l graubraune Holzfarbe • 52 Pflanzen Römische Kamille (Chamaemelum nobile) *• 40–50 l mit Gartenerde vermischte Pflanzerde*

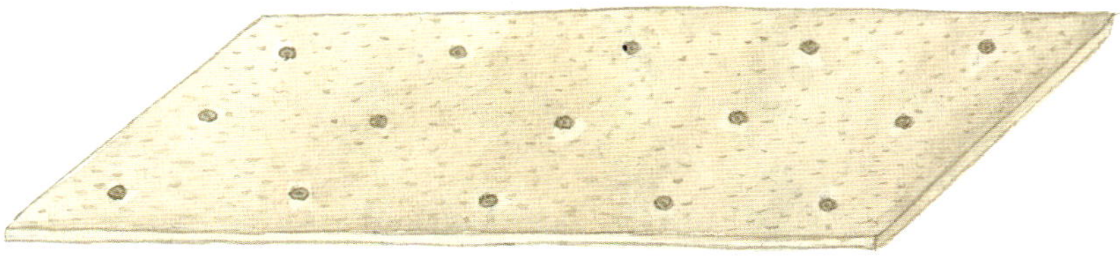

Schritt 5

Befestigen der Unterlage

In die Sperrholzplatte fünfzehn Abflußlöcher von 2,5 cm Durchmesser bohren, entweder mit einem Flachfräsbohrer in der elektrischen Bohrmaschine oder mit einem Handbohrgerät. Abstände zwischen den Löchern: 17 cm in der Länge und 9 cm in der Breite.

Schritt 6

Aussparungen von 5 x 5 cm in jede Ecke der Sperrholzplatte sägen und sie dann auf die Trägerleisten legen.

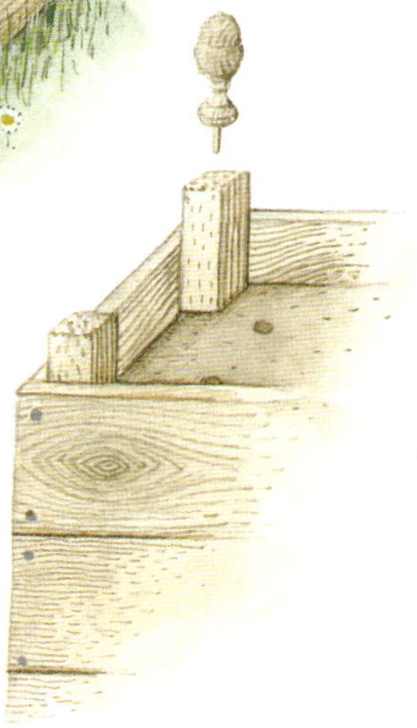

Schritt 7

In jeden der senkrecht stehenden Pfosten ein Loch von 1 cm Durchmesser bohren und die Holzknöpfe hineinstecken. Den fertigen Kasten mit Holzschutzmittel einlassen (entfällt bei vorbehandeltem Holz) und mit grauer Holzfarbe anstreichen.

Schritt 8

Sperrholzplatte mit einer Schicht Pflanzerde bedecken. Kamillenpflanzen in zwei Reihen zu zwölf und zwei Reihen zu vierzehn setzen. Bis knapp unter die Kante mit Pflanzerde auffüllen. Die Pflanzen regelmäßig gießen und zurechtschneiden.

Schritt 1

Bau der Seitenwände

Vom Brett 15 x 2,5 cm sechs Seitenbretter von je 45 cm Länge und vom Kantholz 5 x 5 cm vier Pfosten von je 50 cm Länge absägen. In den Bretterecken jeweils Löcher vorbohren, dann die Seitenbretter an den Pfosten mit den 5-cm-Schrauben befestigen. Rauhe Ecken abschmirgeln.

Schritt 2

Bau der Vorderwand

Vom Brett 15 x 2,5 cm drei Frontbretter von je 120 cm absägen. In den Bretterecken jeweils Löcher vorbohren und dann auf die Seitenwände aufschrauben (siehe Zeichnung). Dabei die Seitenwände auf die Längskanten stellen.

Schritt 3

Bau der Hinterwand

Drei weitere je 120 cm lange Bretter für die Hinterwand absägen. Löcher vorbohren und, wie links gezeigt, die drei Hinterbretter auf die beiden Seitenwände aufschrauben. Dabei das gesamte Gebilde auf die Vorderwand legen.

Schritt 4

Anbringen der Leisten

Vom 2,5 x 2,5 cm Kantholz zwei 105 cm und zwei 35 cm lange Leisten absägen. Die Leisten mit den 3,5-cm-Schrauben innen an den oberen Brettern der Vorder- und Rückwand sowie der Seitenwände befestigen, und zwar jeweils 11 cm unterhalb der Kante. Die Leisten tragen später die Sperrholzplatte für die Kamillenpflanzen.

Kräuter-Ornamentgärtchen

IN DER RENAISSANCE waren Ornamentgärten sehr beliebt, in denen niedrige, verschlungene Hecken die Kräuterbeete dekorativ unterteilten. Buchs ist die passende Pflanze für dieses einfache geometrische Muster; geeignet sind auch gestutzte Hecken aus Lavendel, Gamander und Ysop. Zur Betonung des Musters kann man in einzelnen Beeten auch farbigen Kies verwenden.

Material & Ausrüstung

7 Holzpflöcke • *80 m Schnur* • *Winkelmaß* • *Spaten* • *4 Bambusstöcke* • *abgelagerter Mist* • *160 frostbeständige Ziegelsteine* • *weiche Betonmischung, 6 Teile scharfkörniger Sand und 1 Teil Zement* • *95 Buchspflanzen* (Buxus sempervirens) • *1 ausgewachsener Buchsbaum* (Buxus sempervirens) • *8 alte Kübel oder Töpfe mit Abflußlöchern* • *Kräuterpflanzen (siehe Schritt 6, gegenüber)*

Schritt 6

Bepflanzen der Dreiecksbeete

Im Frühjahr die Dreiecksbeete so mit Kräutern bepflanzen, daß genug Platz zum Wachsen bleibt (siehe „Einpflanzen im Topf gezogener Kräuter" unter Grundtechniken, S. 96). Nicht vergessen: An den Beetecken Platz lassen für die endgültige Breite der Buchseinfassung! Um das Wuchern der Minze zu vermeiden, vor dem Setzen in Töpfe pflanzen.

Schritt 7

Die Kräuter werden mit der Zeit die Dreiecksbeete völlig zuwachsen. In etwa drei Jahren hat der Ornamentgarten sein endgültiges Aussehen.

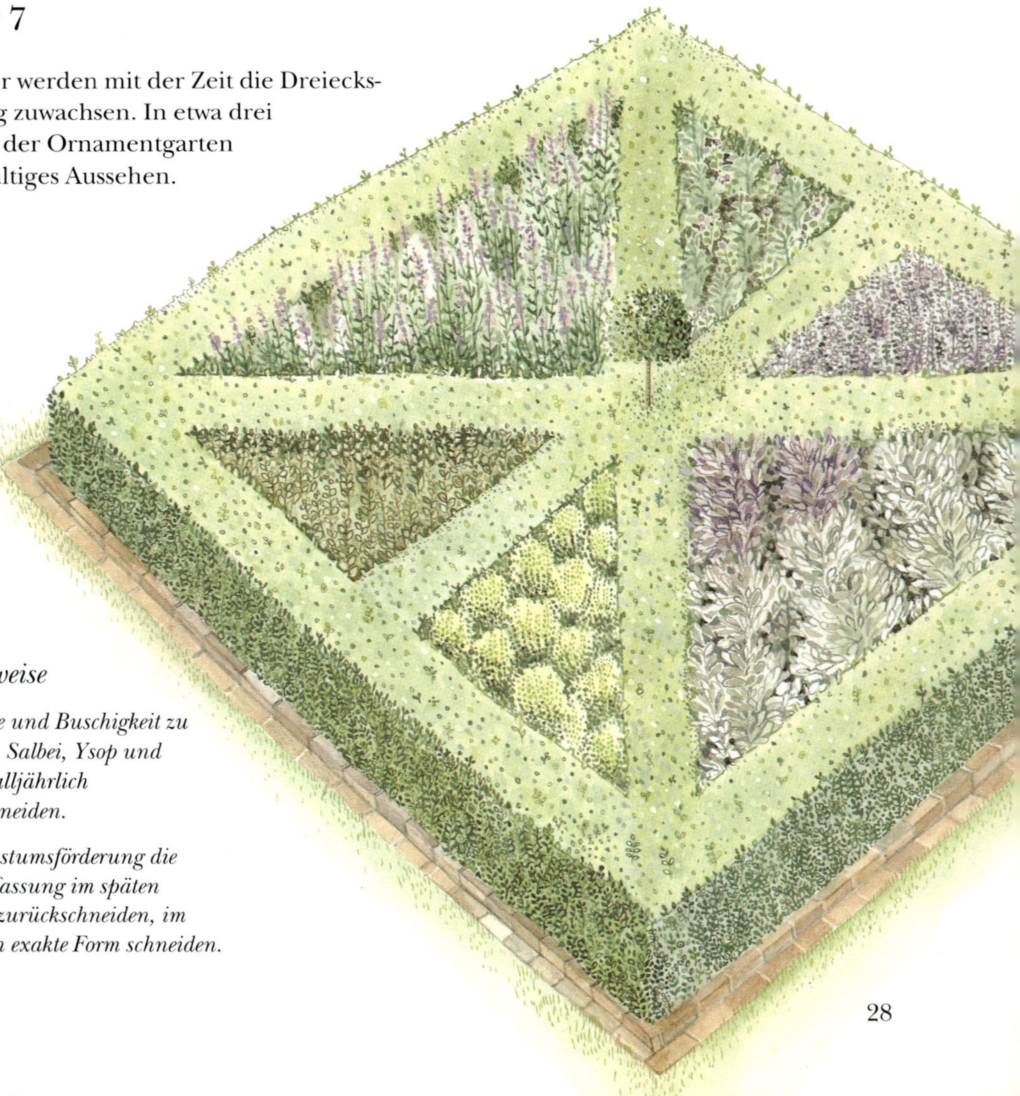

Pflegehinweise

- *Um Dichte und Buschigkeit zu bewahren, Salbei, Ysop und Oregano alljährlich zurückschneiden.*
- *Zur Wachstumsförderung die Buchseinfassung im späten Frühjahr zurückschneiden, im Sommer in exakte Form schneiden.*

Schritt 1

Anlegen des Beetes

Mit vier Holzpflöcken und Schnur ein quadratisches Feld von 4,5 m abstecken, dabei mit dem Winkelmaß die rechten Winkel in den Ecken überprüfen. Belassen Sie einen 90 cm breiten Grasstreifen als Weg um den Ornamentgarten.

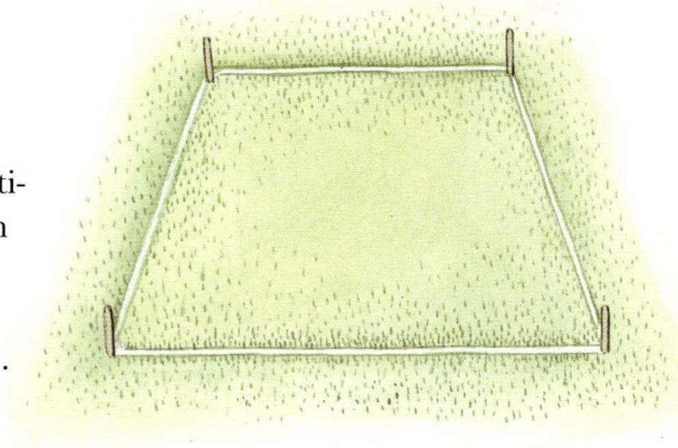

Schritt 2

Vorbereiten des Untergrundes

Mit dem Spaten die Grasnarbe und etwa 6 cm des Bodens darunter abheben; Unkraut entfernen. Eineinhalb Ziegelbreiten von den Beetkanten entfernt ein Rechteck aus den vier Bambusstöcken legen. Innerhalb der markierten Grenzen die Erde umgraben (siehe „Tiefe Bodenbearbeitung“ unter Grundtechniken, S. 97). Für diese Arbeiten ist der Frühherbst günstig.

Schritt 3

Setzen der Ziegeleinfassung

Pflöcke und Schnur entfernen. Am Beetrand die äußere Ziegelreihe auf die weiche Betonmischung aufmörteln. Die Ziegel untereinander mit einer noch weicheren Mischung verbinden. Für die innere Einfassung die Ziegel aufrecht setzen. Einige Tage trocknen lassen.

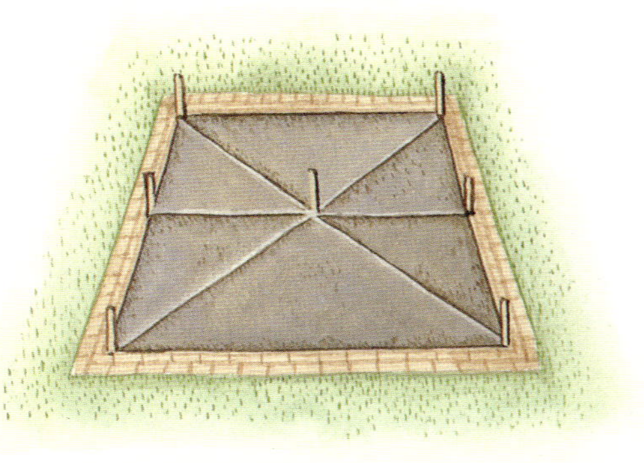

Schritt 4

Abstecken der Ornamentfelder

In jede der vier Ecken des Ornamentgartens einen Holzpflock schlagen, außerdem je einen in die Mitte der Längsseiten und in die Feldmitte. Die zwischen den Pflöcken gespannte Schnur (siehe Zeichnung) dient als Markierung für die Kräuteranpflanzung.

Schritt 5

Einpflanzen der Buchsumrandung

In der Zeit zwischen Spätherbst und beginnendem Frühjahr werden die Buchspflanzen gesetzt, und zwar im Abstand von 23 cm entlang der Schnurmarkierungen. Im Zentrum bleibt Platz für den ausgewachsenen Buchs frei, dessen Stamm später vom Buchs umsäumt sein soll. Die endgültige Höhe und Breite der Buchseinfassung sollten etwa 30 cm betragen.

oben Der Farbeindruck aus Pink, Grau und Weiß entsteht in diesem natürlichen Kräutergarten durch roten Baldrian, violettfarbene Lauchgewächse und Silber-Thymian. Die immergrünen Blattpflanzen bilden den Hintergrund.

oben Diese farbenprächtigen Nelken wachsen in einem Holzblumenkasten unter dem offenen Fenster und erfüllen den Raum mit ihrem Duft. Im 16. Und 17. Jahrhundert wurden auch Levkojen zu diesem Zweck verwendet.

oben Limonengrüne Hopfenblätter und weißblühender Waldmeister lassen sich trocknen. Getrockneter Waldmeister *(Galium odoratum)* duftet nach frischem Heu und sorgte früher für frischen Duft in den Räumen.

Duft und Farbe

Kräuter gelten meist als relativ farblos, aber bei richtiger Planung kann man – über Blätter oder Blüten – fast das gesamte Farbspektrum aufbieten, wie etwa Blau-, Pink-, Violett-, Mauve-, Silber-, Grün- und Gelbtöne. Der Duft geht mehr von den Blättern als von den Blüten aus. Viele frische Kräuter duften nur, wenn man sie berührt oder zerreibt, andere duften stärker in getrocknetem Zustand.

links Blaßvioletter Lavendel links und dunkelvioletter Thymian rechts sind besonders wohlriechend und, da sie keine Staunässe vertragen, auch ideal für diese einfachen Töpfe geeignet.

unten Lorbeer erkennt man an seinen frischen grünen Blättern, Raute an ihren blaugrünen Blättern und gelben Blüten. Beide Kräuter duften sehr würzig.

ganz oben In diesem bunten Kräuterbeet mit seiner klaren Umrandung aus Buchs und Zypressenkraut herrscht durch roten Baldrian und gelben Waid ein auffallender Farbkontrast.

oben Dieser Holzkübel mit dunkelviolettem Lavendel & Duft-Pelargonien hat glänzende Blechgirlandengriffe.

oben Dieses anmutige Verbenen-Bäumchen steht in einem Topf und kann deshalb im Gewächshaus überwintern. Purpurfarbene Katzenminze umsäumt die Verbene, deren kleine, hellviolette bis weiße Blüten im Sommer über den lanzettförmigen, hellgrünen Blättern erscheinen. Da die getrockneten Blätter ihren prägnanten Zitronenduft behalten, können sie in Potpourris verwendet werden.

oben Diese leuchtend weinroten Lauchgewächse überragen grazilen violetten Lavendel. Die farbigen Blätter des Bronze-Fenchels bilden einen ausdrucksvollen Kontrast.

rechts Mit ihren sanften Farben passen Lavendel und hellpurpurne Katzenminze ausgezeichnet zu hohem weißem Fingerhut. Lavendel und Rosenblüten ergeben auch ein einfaches Grundpotpourri.

Rabatte in Grau und Blau

IN DIESER RABATTE sind kleine, niedrig wachsende Kräuter und Stauden mit größeren Holzgewächsen im Hintergrund kombiniert. Durch die drei Rabattenabschnitte ergibt sich ein Wiederholungsmuster in Grau und Blau. Der nebenstehende Bepflanzungsplan kann, je nach Gartengröße, beliebig wiederholt werden.

Material & Ausrüstung

4 Holzpflöcke • 22 m Schnur • Vorschlaghammer • Maßband • Spaten • 2 Holzpfosten • Bambusstock • abgelagerter Mist • Knochenmehl oder Wurzeldünger • 4 Atriplex halimus • *2* Hippophae rhamnoides • *2* Viburnum tinus • *1* Rosa rubrifolia • *2 Stechpalmen-Bäumchen* (Ilex x meserveae *'Blue Prince'*)• *beschichteter Draht oder Plastikschnur • Kräuterpflanzen oder andere Stauden (siehe Schritt 4, gegenüber) • hölzerner Obelisk (nach Belieben)*

Schritt 4

Bepflanzen des übrigen Beetes

Im beginnenden Frühjahr werden dem Plan entsprechend die Kräuter und Stauden gesetzt (siehe „Anpflanzen im Topf gezogener Kräuter“ unter Grundtechniken, S. 96).

Schritt 5

Die Rabatte erreicht in etwa 4 Jahren ihr endgültiges Aussehen. Ein hölzerner, mit Kletterrosen (*Rosa* 'Felicité Perpétuée') bewachsener Obelisk könnte – falls gewünscht – die Rabattenmitte zieren. Der Bau des Obelisken ist unter Grundtechniken, S. 96, erläutert.

Pflegehinweise

- *Im ersten Jahr bei trockenem Wetter ab spätem Frühjahr Rabatte wässern.*
- Hippophae rhamnoides *alljährlich auf eine Höhe von 90–150 cm zurückschneiden.*
- Nepeta *im Herbst oder Frühjahr schneiden.*
- *Raute im Frühjahr in kompakte Form schneiden.*

Schritt 1

Vorbereitung des Beetes

Ein Beet von 8 x 3 m mit den Pflöcken markieren. Rechteckige Form durch zwei gleich lange, diagonal zwischen den Pflöcken gespannte Schnüre überprüfen. Die Grasnarbe entfernen und den Boden umgraben (siehe „Tiefe Bodenbearbeitung" unter Grundtechniken, S. 97).

Schritt 2

Einpflanzen der Gehölze am Beetrand

Holzgewächse pflanzt man am besten zwischen Spätherbst und Frühjahr. Dazu ein Loch mit doppeltem Durchmesser des Wurzelballens graben und die Erde mit abgelagertem Mist vermischen. Die Pflanze einsetzen, anhand eines Bambusstocks die Pflanztiefe überprüfen (siehe Abbildung). Die Erde festklopfen. Gut wässern und mit Knochenmehl oder Wurzeldünger düngen.

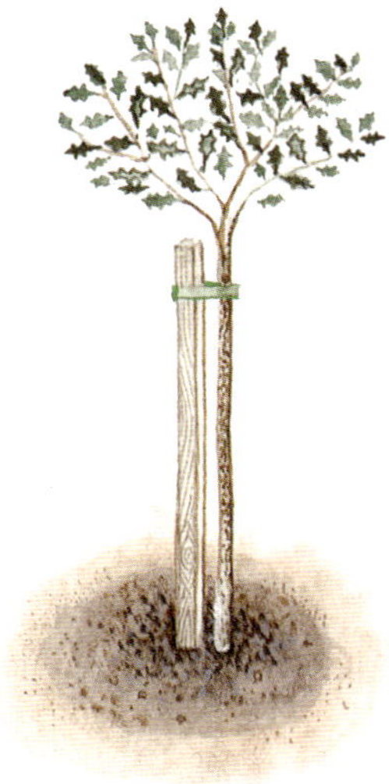

Schritt 3

Einpflanzen der Stechpalmen-Bäumchen

Das Loch vorbereiten wie in Schritt 2 angegeben. Dann mit dem Vorschlaghammer einen Pfosten knapp neben der Mitte des Lochs einschlagen. Der Pfosten sollte gerade bis zur Krone des Bäumchens reichen. Das Bäumchen pflanzen und den Stamm mit passendem Band am Pfosten befestigen. Gut wässern und mit Knochenmehl oder Wurzeldünger düngen.

Duftbeet

DIESES BEET BIETET ÜBER MONATE Duft, Farbe und eine große Vielfalt an Blattstrukturen. Verschiedene Pflanzen können in der Küche verwendet werden, und viele sind alte Arzneipflanzen. Auch wenn das hier vorgestellte Beet bestimmte Abmessungen hat, kann es leicht für andere Beete oder Rabatten mit abweichender Größe oder Form abgewandelt werden. Die verwendeten Kräuter brauchen wasserdurchlässigen Boden, deshalb ist auf gute Drainage zu achten.

Material & Ausrüstung

4 Holzpflöcke • 14 m Schnur • Maßband • Winkelmaß • Spaten • abgelagerter Mist • Kräuterpflanzen (siehe Schritt 2, gegenüber)

Andere Kräuter mit duftenden Blättern

Es gibt unzählige andere Kräuter, die wunderbar duften, wenn man sie berührt oder reibt. Ebenso wie die hier verwendeten Kräuter können sie den Garten mit Wohlgeruch erfüllen oder als Potpourris verarbeitet werden. Kräuter sind sehr vielseitige Pflanzen, und eine ganze Reihe der hier vorgestellten duftenden und farbenprächtigen Kräuter, unter anderem Thymian, Winter-Bohnenkraut, Salbei, Minze und Indianernessel, finden auch in der Küche Verwendung.

***Pelargonium* 'Radula'**

Rosemarin
(Rosmarinus officinalis)

Zitronenkraut
(Aloysia triphylla)

Zypressenkraut
(Santolina chamaecyparissus)

Essig-Rose
(Rosa gallica officinalis)

Kümmel
(Carum carvi)

Zitronenmelisse
(Melissa officinalis)

Kornblume
(Centaurea cyanus)

Pflegehinweise

- *Königskerzen blühen als zweijährige Pflanzen nur jedes zweite Jahr. Deshalb sollte man ein Paar ansiedeln, das dann im Wechsel blüht. Königskerzen sind vermehrungskräftig, daher überzählige Sämlinge ausjäten.*
- *Im Spätherbst Salbei und Minze zurückschneiden.*
- *Lavendel in der Frühjahrsmitte zurechtschneiden.*

Schritt 1

Vorbereitung des Beetes

Für die Frühjahrspflanzung wird das Beet im Herbst vorbereitet. Mit Pflöcken und Schnur ein Beet von 4,5 x 2,25 m abstecken. Mit dem Winkelmaß überprüfen, ob die Ecken rechtwinkelig sind. Die Grasnarbe entfernen und den Boden umgraben (siehe „Tiefe Bodenbearbeitung" unter Grundtechniken, S. 97).

Schritt 2

Bepflanzen des Beetes

Im Frühjahr die im Topf gezogenen Kräuter nach dem Bepflanzungsplan setzen (siehe „Anpflanzen im Topf gezogener Kräuter" unter Grundtechniken, S. 96). Bei Dreiergruppen die endgültige Größe der Kräuter beachten; kleinere Pflanzen enger pflanzen als größere, wenn ein Büschel entstehen soll. Zur Vermeidung einer scharfen Bepflanzungskante setzt man die Pflanzen in unterschiedlichen Abständen vom Beetrand entfernt, so daß sie ihn verschieden weit überwachsen können.

Beet in Violettönen

DIESES BEET ZEIGT DEUTLICH, daß in einem Kräutergarten nicht zwingend gedämpfte Farben vorherrschen müssen. Violettöne lassen sich besonders leicht miteinander kombinieren, zumal viele Kräuter violettfarbene Blattmuster aufweisen. Neben violettfarbenem Salbei und Fenchel (siehe Plan) bieten sich auch Rote Gartenmelde *(Atriplex hortensis* 'Rubra'), violettfarbenes Basilikum *(Ocimum basilicum* 'Dark Opal') und violette Hauswurz *(Sempervivum tectorum* 'Rich Ruby') an.

Material & Ausrüstung

4 Holzpflöcke • 5 m Schnur • Maßband • Winkelmaß • abgelagerter Mist • Bambusstock • Knochenmehl oder Wurzeldünger • 1 Rose (Rosa *'Roserie de l'Hay'), im Topf oder frei gezogen • 1 Kugel-Zwergbuchs* (Buxus sempervirens *'Suffruticosa') • 3–5 Iris-Rhizome* (Iris *'Royal Touch') • Kräuterpflanzen (siehe Schritt 4, gegenüber)*

Pflegehinweise

- *Um das Wuchern in einem kleinen Beet zu verhindern, Pflanzen regelmäßig stutzen.*
- *Im Spätsommer Buchs zu einer exakten Kugel von 30 cm Durchmesser zurückschneiden.*
- *Purpur-Salbei im Frühjahr zurückschneiden, damit sich die Blätter kräftig entwickeln.*
- *Frauenmantel alle zwei Jahre austauschen.*
- *Lavendel in Frühjahrsmitte gut zurückschneiden.*

Schritt 1

Vorbereitung des Beetes

Für das Beet ist ein halbschattiger Platz am günstigsten. Mit Pflöcken und Schnur ein Beet von 1,2 x 1,2 m abstecken. Die Rechtwinkeligkeit der Ecken mit dem Winkelmaß überprüfen. Die Grasnarbe abheben und Boden umgraben (siehe „Tiefe Bodenbearbeitung“ unter Grundtechniken, S. 97).

Schritt 2

Einpflanzen der Holzgewächse

In Töpfen gezogener Kugel-Buchs und Rosensträucher können das ganze Jahr über gepflanzt werden; siehe dazu die Hinweise für das Pflanzen im Topf gezogener Holzgewächse in „Rabatte in Blau und Grau“, S. 32–33. Im Freiland gezogene Rosen sollten zwischen Spätherbst und beginnendem Frühling gepflanzt werden. Ein Loch mit dem doppelten Durchmesser des Wurzelballens graben und die ausgehobene Erde mit abgelagertem Mist vermischen. Die Rose ins Loch setzen, dabei die Wurzeln behutsam ausbreiten. Mit Hilfe eines über das Loch gelegten Bambusstocks prüfen, ob die Sproßverzweigung 2,5 cm unterhalb des Bodenniveaus liegt. Mit Erde auffüllen, dabei die Pflanze aufrecht halten. Erde sorgsam festtreten, gut wässern und mit Wurzeldünger oder Knochenmehl düngen.

Schritt 3

Setzen der Iris-Rhizome

Iris-Rhizome an die im Plan vorgesehene Stelle setzen, möglichst alle zusammen in ein Loch. Allgemeine Regel: Rhizome sollten zwei- oder dreimal so tief wie sie lang sind und zwei oder drei Rhizombreiten voneinander entfernt gesetzt werden. Zunächst prüfen, ob die Rhizome frisch und unbeschädigt sind, dann mit dem Vegetationspunkt nach oben hineinlegen. Sorgsam mit Erde bedecken; andrücken. Gut wässern.

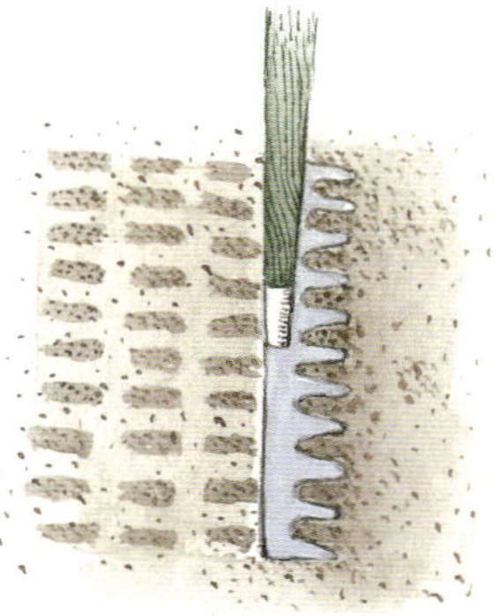

Schritt 4

Einpflanzen der Kräuter

Die Kräuter laut Plan pflanzen (siehe „Anpflanzen im Topf gezogener Kräuter“ unter Grundtechniken, S. 96). Das Beet kann mit Ziegeln oder Kies eingefaßt werden, oder man verlegt Schieferplatten wie gegenüber gezeigt. Ein Terrakottatopf mit Blau-Schwingel wirkt an der Ecke des Beetes optisch auflösend.

Duftkräuterkasten

DIESER ERHÖHTE KASTEN MIT DUFTKRÄUTERN verbindet Schönheit und Wohlgeruch. Wenn er unter einem Fenster steht, können die Aromadüfte von Lavendel, Rosmarin und Thymian ins Zimmer strömen. Je nach Abstand des Fensters vom Grund kann die Höhe des Gestells verändert werden. Man sollte möglichst ein Sonnenfenster wählen und die Pflanzen – insbesondere während der Sommermonate – gut feucht halten.

Material & Ausrüstung

1 Blumenkasten aus Sperrholz, 90 x 20 x 20 cm • Sperrholzleiste, 140 x 2,5 x 2,5 cm • gehobeltes Kantholz, 300 x 5 x 5 cm • gehobeltes Lattenholz, 405 x 5 x 2,5 cm • gehobeltes Lattenholz, 777 x 4 x 2,5 cm • Drahtstifte, 4 cm lang • Schrauben, 0,45 x 5 cm • wasserfester Leim (PVA) *• jeweils 1 l helles Holzschutzmittel und mattgraue Emulsionsfarbe • 4 Blechstreifen: 2 mit 145 x 9 cm, 2 mit 80 x 4 cm • Blechschere • Nägel, 2 cm lang • 1 l mit Gartenerde vermischte Pflanzerde • Kräuterpflanzen (siehe Schritt 9, gegenüber)*

Schritt 6

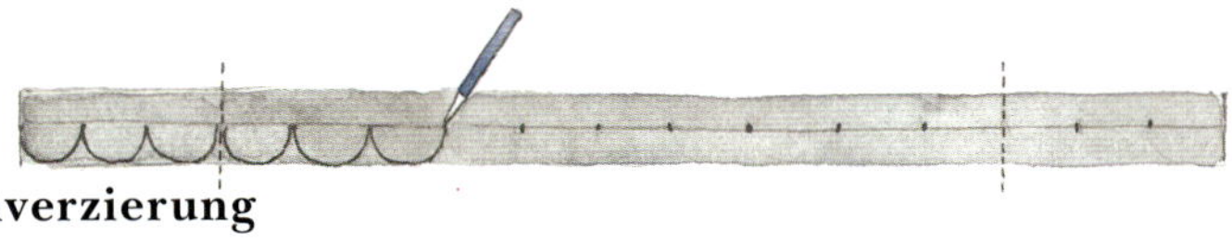

Aussägen der Blechbogenverzierung

Den 145-cm-Blechstreifen längs in der Mitte und je 25 cm von beiden Enden markieren. Die Endstücke in drei, das Mittelstück in zehn gleiche Teile gliedern. Die Bögen so in die Markierung einzeichnen, daß die Bogenspitze mit der unteren Kante des Blechs abschließt. Die Verzierung mit der Blechschere ausschneiden. Den zweiten Streifen genauso bearbeiten.

Schritt 7

Anbringen der Bogenverzierung

Blechstreifen am oberen und unteren Rahmen des Gestells aufnageln. Dazu an einer Seite bündig an der Rahmenoberkante beginnen, den Streifen nach vorne umbiegen, flach hämmern und aufnageln. Entsprechend fortfahren.

Schritt 8

Anbringen der Blechgirlanden

Die Enden der übrigen beiden Blechstreifen V-förmig einschneiden. Beidseitig 15 cm umschlagen und den mittleren Streifenabschnitt zu einem Halbkreis biegen. Streifen wellig formen. 2,5 cm unterhalb der Profilleiste des Kastens mittig und jeweils 5 cm von den Seitenkanten entfernt drei Befestigungspunkte markieren. Die Bänder überlappend auf den Kasten nageln.

Schritt 9

Einpflanzen der Kräuter

Etwas Pflanzerde in den Kasten füllen, die Kräuter aus dem Topf nehmen und entsprechend dem obenstehenden Plan anordnen. Bis 2,5 cm unter den Kastenrand mit Erde auffüllen, dann gründlich wässern. Die vier bemalten Töpfe (ø 13 cm) für das untere Fach bepflanzen – in zwei kommt Echter Thymian *(Thymus vulgaris)* und in die anderen beiden Silber-Thymian *(Thymus vulgaris* 'Silver Posie').

Schritt 1

Anfertigen des Blumenkastens

Dieser Sperrholzkasten von 90 x 20 x 20 cm kann in einem Gartencenter erworben oder auch weiteres selbst zusammengebaut werden (siehe „Anfertigung eines Blumenkastens“ unter Grundtechniken, S. 99, wo auch Sperrholzverbrauch und Maße angegeben sind). Man kann den Kasten so wie er ist bepflanzen oder ihn verzieren wie im folgenden beschrieben.

Schritt 2

Anbringen der Profilleisten

Von der Sperrholzleiste zwei je 23 cm und ein 95 cm langes Stück absägen. An den kurzen Stücken ein Ende, am langen Stück beide Enden gehren (siehe „Gehrungen schneiden“ unter Grundtechniken, S. 98). Profilleiste bündig am Kastenrand anleimen und von innen mit Drahtstiften befestigen.

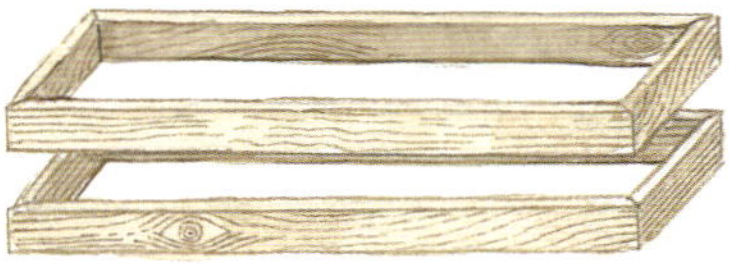

Schritt 3

Anfertigen des Gestells

Vom 5 x 2,5 cm Lattenholz vier 95 cm und vier 25 cm lange Stücke absägen. Alle Enden gehren. Die Gehrfugen verleimen und mit Drahtstiften verbinden. Vom 5 x 5 cm Kantholz vier 75 cm lange Stützen absägen. Die Rahmen mit den Stützen verschrauben. Der eine Rahmen soll die Stützen 1 cm überragen, der zweite 13 cm über dem anderen Stützenende angebracht werden.

Schritt 4

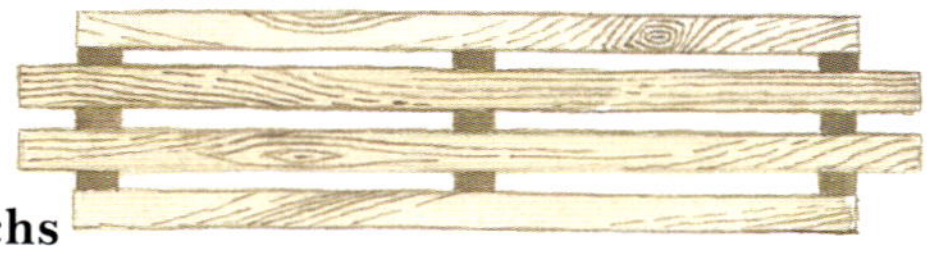

Anfertigen des unteren Fachs

Vom 4 x 2,5 cm Lattenholz zwei 80 cm und zwei 90 cm lange Leisten absägen. Wie nebenstehend gezeigt auf drei 20 cm lange Querhölzer auflegen - dabei die beiden inneren Latten jeweils am Ende 5 cm überstehen lassen - und mit Drahtstiften befestigen.

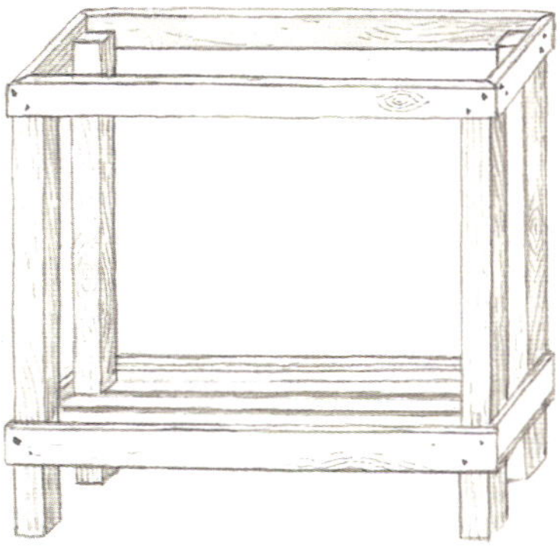

Schritt 5

Befestigen des Fachs

Das Gestell auf den Kopf stellen und das Fach in den unteren Rahmen einfügen und die Querhölzer des Fachs mit den 5-cm-Schrauben an die Stützen schrauben. Zur Verstärkung von außen in die Querhölzer Nägel einschlagen. Kasten und Gestell mit Holzschutzmittel einlassen (nicht bei vorbehandeltem Holz) und mit matter Emulsionsfarbe streichen.

Trockengitter

DAS TROCKNEN DER KRÄUTER ist eine ideale Methode, um Form, Farbe und Duft zu bewahren. Zum Trocknen eignet sich ein Gitter hervorragend, da an ihm die Pflanzen von allen Seiten belüftet werden. Das rustikale Gittergestell bietet mit den zum Trocknen aufgehängten Kräutern einen reizvollen Anblick. Anhand der nebenstehenden Kräuterliste können Sie Ihre Auswahl zusammenstellen und dann die getrockneten Kräuter zu duftenden Potpourris mischen.

Material & Ausrüstung

12 gerade Zweige oder Stocktriebe, 1,5 m lang • Nägel, 0,35 x 3,5 cm • dünne Ästchen oder trockene Weinranken • 3 große verzinkte Nägel • weiche Schnur oder Bast • Packpapier • verschließbare Gläser oder Blechdosen • zum Trocknen geeignete Kräuter (siehe Schritt 3, gegenüber)

Schritt 4

Aufhängen der Kräuter

Kräuter wie Lavendel, Salbei oder Lorbeer gleichmäßig verteilt am Gestell befestigen, damit sie gut belüftet werden. Das Gestell auf die verzinkten Nägel hängen und mit Packpapier gegen Staub schützen.

Schritt 5

Aufbewahrung und Verwendung der Kräuter

Trockene und spröde Blätter vom Stengel abstreifen und in luftdichten Behältern aufbewahren. Man kann die Blätter für Potpourrikugeln und Duftsäckchen verwenden. Im 16. und 17. Jahrhundert verteilte man Bündel aus Eberraute und Wermut in Haus, Schubladen und Schränken, um die Motten fernzuhalten. Von der Decke hängende Trockenkräutersträuße verbreiten herrlichen Duft und geben, ebenso wie Hopfenkränze und -girlanden, einen reizvollen Zimmerschmuck ab.

Schritt 1

Anfertigen des rustikalen Gitters

Hasel, Edelkastanie oder Hainbuche liefern die geeigneten Zweige oder Stocktriebe für ein rustikales Gitter. Gerade Sprosse erreicht man, wenn man in Spätwinter und Vorfrühling die Stocktriebe bis auf den Stumpf zurückschneidet, der dann neue Sprosse treibt. Sechs Zweige auf den Boden legen und die anderen sechs in gleichmäßigen Abständen darüber anordnen. An den Kreuzungspunkten aufeinandernageln. Man kann Geißblatt-, Glyzinien- oder Clematisranken hineinwinden.

Schritt 2

Anbringen des Gitters

Für das Gestell wählt man vorzugsweise einen dunklen Raum ohne direkte Sonneneinstrahlung, etwa eine Garage oder einen Schuppen. Die drei verzinkten Nägel so in die Wand schlagen, daß man die oberste Querleiste des Gestells daran hängen kann.

Schritt 3

Sammeln der Kräuter

Kräuter ernten, wenn sie nicht mehr taufeucht sind, die Sonne aber noch nicht brennt, da sonst die ätherischen Öle verdunsten. Kräuter kurz vor dem Aufblühen pflücken, da vollentfaltete Blüten Farben und Duftstoffe nicht so gut bewahren. Beschädigte Blätter entfernen und jeweils ein kleines Bündel mit weicher Schnur oder Bast zusammenbinden; dabei einen Laufknoten bilden, der leicht enger gezogen werden kann, falls die Stiele schrumpfen. Die Bündel am Gestell befestigen.

Geeignete Kräuter für Trockensträuße

Schopf-Lavendel *(Lavandula stoechas)*
Echter Lavendel *(Lavandula angustifolia)*
Weißer Lavendel *(Lavandula x intermedia* 'Alba'*)*
Echter Thymian *(Thymus vulgaris)*
Feld-Thymian *(Thymus serpyllum)*
Zitronen-Thymian *(Thymus x citriodorus)*
Thymus x citriodorus 'Fragrantissimus'
Waldmeister *(Galium odoratum)*
Hopfen *(Humulus lupulus)*
Eberraute *(Artemisia abrotanum)*
Wermut *(Artemisia absinthium)*
Römischer Wermut *(Artemisia pontica)*
Thymus odoratum
Rosmarin *(Rosmarinus officinalis)*
Zitronenkraut *(Aloysia triphylla)*
Salbei *(Salvia officinalis)*
Dost *(Origanum vulgare)*
Lorbeer *(Laurus nobilis)*
Ysop *(Hyssopus officinalis)*
Bohnenkraut *(Satureja)*
Liebstöckel *(Levisticum officinale)*
Minze *(Mentha)*
Zitronenmelisse *(Melissa officinalis)*
Muskat *(Myristica fragrans)*

Balkonkasten

DIESES BALKONGÄRTCHEN bietet eine ausgezeichnete Möglichkeit, Kräuter nur zur Zierde zu ziehen. Auch auf kleinen Balkons oder Dachgärten können diese Kästen mit farblich aufeinander abgestimmten Kräutern in Gold-, Silber- und Purpurtönen leuchten. Sie können sich an den hier gezeigten Bepflanzungsplan halten oder eine eigene Farbkomposition ausdenken. Der Anblick der Kästen ist sowohl vom Innern des Hauses als auch vom Garten aus reizvoll.

Material & Ausrüstung

4 Blumenkästen aus gehobeltem Holz, 90 x 20 x 20 cm • eventuell Kantholz, 153 x 2,5 x 2,5 cm • je 1 l helles Holzschutzmittel, dunkelgraue Grundierung und dunkelgrüner Glanzlack • Schraubstock • Hammer • 8 verzinkte Flacheisen, 60 cm lang • 24 Schloßschrauben, 3,5 cm lang mit 6 mm ø • Pflanzerde (mit Torf) • 2 Plastiktöpfe von 13 cm ø • Kräuterpflanzen (siehe Schritt 5, gegenüber).

Schritt 5

Bepflanzen der Kästen

Die Kräuter nach den vier untenstehenden Plänen setzen. So viel Pflanzerde in die Kästen füllen, daß die Wurzelballen der Kräuter etwa 2,5 cm unter der Kastenoberkante liegen. Zuerst die größeren, dann die kleineren Kräuter pflanzen. Restliche Pflanzerde einfüllen und gut wässern. Die Pfefferminze in Plastiktöpfen einpflanzen, um ein Wuchern zu vermeiden.

2 Myrte *(Myrtus communis)*

1 Gold-Mutterkraut *(Tanacetum parthenium* 'Aureum')

1 Petersilie *(Petroselinum crispum* 'Moss Curled')

2 Wein-Raute *(Ruta graveolens* 'Variegata')

3 Bronze-Fenchel *(Foeniculum vulgare* 'Purpureum')

1 Garten-Salbei *(Salvia officinalis)*

1 Feld-Thymian *(Thymus serpyllum* 'Lemon Curd')

2 Salbei *(Salvia officinalis* 'Icterina')

1 Wein-Raute *(Ruta graveolens* 'Jackman's Blue')

1 Schnittlauch *(Allium schoenoprasum)*

2 Kriechender Günsel *(Ajuga reptens* 'Atropurpurea')

2 Dost *(Oregano vulgare)*

2 Gold-Zitronenmelisse *(Melissa officinalis* 'Aurea')

2 Kriechender Günsel *(Ajuga reptens* 'Atropurpurea')

2 Pfefferminze *(Mentha x piperita)*

1 Wermut *(Artemisia absinthium)*

1 Petersilie *(Petroselinum crispum* 'Italian')

1 Silber-Thymian *(Thymus vulgaris* 'Silver Posie')

2 Borretsch *(Borago officinalis)*

1 Currykraut *(Helichrysum italicum)*

1 Gold-Dost *(Origanum vulgare* 'Aureum')

2 Kriechender Günsel *(Ajuga reptens* 'Atropurpurea')

2 Basilikum *(Ocimum basilicum)*

1 Dost *(Origanum vulgare* 'Country Cream')

Pflegehinweise

- *Zwischen Spätsommer und Frühherbst Wermut, Raute, Salbei, Myrte und Currykraut zurückschneiden.*
- *Sämtliche Kräuter regelmäßig stutzen, damit sie nicht zu groß werden.*

Schritt 1

Anfertigen des Kastens

Dieser Holzkasten kann in einem Gartencenter gekauft oder selbst angefertigt werden. Für die Selbstanfertigung siehe „Anfertigung eines Blumenkastens“ unter Grundtechniken, S. 99, wo auch der Holzverbrauch genau angegeben ist. Den Kasten mit hellem Holzschutzmittel einlassen, falls er nicht bereits vorbehandelt ist. Eine Grundierungsschicht und eine Schicht dunkelgrünen Glanzlack aufbringen. (Eventuell zwei 23 cm lange Zierleisten und eine 96,5 cm lange Zierleiste vom Kantholz absägen und am Kasten anbringen. Siehe dazu Schritt 2 „Duftkräuterkasten“, S. 45.)

Schritt 2

Anfertigen der Konsolen

Für die Konsolen werden verzinkte Flacheisen verwendet, die den Abmessungen des Balkongeländers – in unserem Fall 13 x 5 cm – angepaßt werden können, damit die Kästen sicher hängen. Auf jedem Flacheisen zwei Abschnitte von 20 cm, einen Abschnitt von 13 cm und einen von 8 cm Länge markieren. Im Schraubstock die Konsolenabschnitte biegen, wie nebenstehend gezeigt. Mit dem Hammer die Kanten zurechtklopfen.

Schritt 3

Befestigen der Konsolen

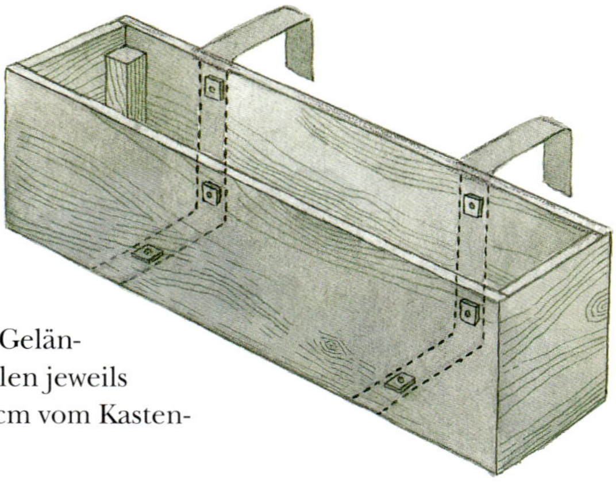

Die Konsolen mit dunkelgrauer Grundierung und dem Glanzlack streichen. In jede Konsole drei Löcher von je 6 mm Durchmesser bohren, die Konsolen von innen an den Kasten anschrauben. Damit die Kästen genau einander gegenüber am Geländer hängen, bei zwei der Kästen die Konsolen jeweils 10 cm, bei den beiden anderen Kästen 15 cm vom Kastenende entfernt anbringen.

Schritt 4

Aufhängen der Kästen

Die Kästen an das Balkongeländer hängen. Die Abbildung links zeigt, wie die Konsolen versetzt an den Kästen angebracht sind und so sicheren Halt gewährleisten.

Küchen-kräuter-Gärten

Küchenkräuter sollten möglichst in Küchennähe angepflanzt werden. Wie bei einem rein dekorativen Kräuterbeet sollte man auf interessante Farben und Blattmuster achten sowie einige Kräuter wählen, die nicht für die Küche bestimmt sind.

unten Dieses Terrakottagefäß zeigt, wie leichtgängige Küchenkräuter gezogen werden können. Die silbrigen und olivgrünen Blätter von Salbei, Currykraut und Thymian harmonieren mit den warmen Tönen des Terrakottagefäßes.

unten Das auffallende Blattwerk der Gemüseartischocke *(Cynara cardunculus)*, die 1,8 m hoch werden kann, beherrscht jede Kräuteranlage. Wie man hier sieht, macht sie sich besonders gut vor einem dunklen Hintergrund.

oben Lorbeerbaum-Wurzeln ertragen Enge, was sie zu idealen Dauertopfpflanzen macht. Dieser Lorbeer sieht in seinem bemalten Versaillesbottich bezaubernd aus.

unten Einfache Kombinationen sind oft besonders wirkungsvoll. Hier umgibt Golddost ein Rosmarinbeet. Die gemauerte Einfassung bildet eine zusätzliche Abgrenzung.

unten In diesem Beet finden sich Grüne Minze *(Mentha spicata)* und die leuchtend violetten und gelben Blüten des Stiefmütterchens *(Viola tricolor)*. Diese können an Salate gegeben werden oder Süßspeisen verzieren, mit Minze kann man Getränke aromatisieren.

oben Dieser Korb mit Küchenkräutern eignet sich nicht zur Langzeitbepflanzung, bietet aber einen handlichen Vorrat an Minze, Thymian, Schnittlauch und Dost für die Küche. Der Korb kann immer wieder neu mit Küchenkräutern bepflanzt werden.

links Verschiedene Rosmarinpflanzen *(Rosmarinus officinalis)* in Terrakottatöpfen ziehen den Blick auf sich. Der mediterrane Rosmarin läßt sich sehr gut im Topf ziehen. Wenn man die immergrüne und mehrjährige Pflanze frostfrei und hell überwintert, liefert sie das ganze Jahr über aomatische nadelförmige Blätter. Die lila- bis violettfarbenen Blüten erscheinen von Frühling bis Frühsommer und bilden auffallende Farbtupfer.

rechts Das Nebeneinander verschiedener Minzearten zeigt, wie wichtig die Kräuterblätter für die Gesamtwirkung sind. Da Minzen wuchern, sollte man sie in Plastiktöpfen in den Boden einsetzen.

unten In einem buchsgesäumten Ornamentgärtchen mit Thymian und Salbei kommen unterschiedliche Strukturen und Blattfarben schön zum Ausdruck.

Gitterumzäunter Kräutergarten

DER NATÜRLICHE GESAMTEINDRUCK dieses Gartens ergibt sich durch dichte Kräuterbüschel, die – eher traditionell – von Buchs, Lavendel und einem Gitterzaun eingefaßt sind. Von vier gleich großen Beeten werden je zwei gleich bepflanzt. Die Kräuter werden im Spätherbst oder frühen Frühjahr gesetzt.

Material & Ausrüstung

16 Holzpflöcke • 33,5 m Schnur • Winkelmaß •
Spaten • Maßband • 8 Gitterzaunstücke, 180 x 60 cm •
12 hölzerne Zaunpfosten, 105 x 8 x 8 cm • 12 Pfostenträger aus Metall •
16 Beeteinfassungen aus Beton, 90 x 15 cm • 4 hölzerne Obelisken •
14 Gemeine Buchse (Buxus sempervirens)
14 Silberbuchse (B. sempervirens 'Elegantissima')
20 Echte Lavendel (Lavandula angustifolia)
4 Pyramidenbuchse (B. sempervirens)
2 Hochstämme Phillyrea angustifolia
2 Hochstämme Waldheckenkirsche (Lonicera periclymenum) •
Knochenmehl oder Wurzeldünger • abgelagerter Mist • Kies •
Küchenkräuterpflanzen (siehe Schritt 4, gegenüber)

Plan A

1 Dost
(Origanum vulgare)

3 Echte Lavendel
(Lavandula angustifolia)

1 Schnittlauch
(Allium schoenoprasum)

1 Rosmarin
(Rosmarinus officinalis)

2 Currykraut
(Helichrysum italicum)

1 Kretischer Dost
(Origanum onites)

1 Salbei
(Salvia officinalis 'Icterina')

2 Filzzieste
(Stachys byzantina
'Silver Carpet')

1 Dost
(Origanum vulgare)

3 Echium creticum
'Blue Bedder'

Plan B

1 Echter Thymian
(Thymus vulgaris)

2 Rosmarin
(Rosmarinus officinalis)

2 Currykraut
(Helichrysum italicum)

1 Estragon
(Artemisia dracunculus)

7 Silberbuchs
(Buxus sempervirens
'Elegantissima')

5 Echte Lavendel
(Lavandula angustifolia)

1 Roßminze
(Mentha x longifolia)

1 Winterbohnenkraut
(Satureja montana)

1 Gartensalbei
(Salvia officinalis)

Pflegehinweise

- *Salbei, Minze und Estragon im Spätherbst zurückschneiden.*
- *Im mittleren Frühjahr Rosmarin und Lavendel zuschneiden.*

Schritt 1

Vorbereitung des Beetes

Mit Pflöcken und Schnur ein 4,5 x 4,5 m großes Feld markieren, Rechtwinkligkeit mit dem Winkelmaß nachprüfen. Grasnarbe entfernen und den Boden umgraben (siehe „Tiefe Bodenbearbeitung“ unter Grundtechniken, S. 97). Das Feld in vier quadratische Beete mit jeweils 90 cm Abstand voneinander unterteilen.

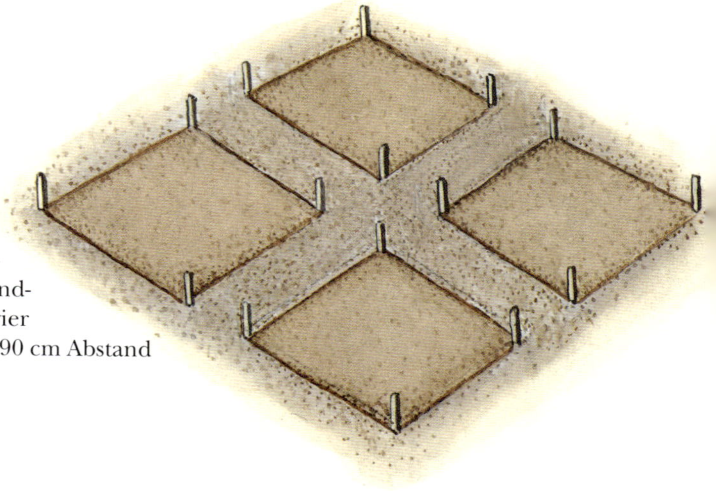

Schritt 2

Errichten des Gitterzauns

Die Pfosten in die Metallträger stecken und in den Boden schlagen und die Zaunelemente zwischen den Pfosten befestigen (siehe Grundtechniken, S. 98). Beeteinfassungen aus Beton, wie nebenstehend gezeigt, verlegen, sie sollten das Bodenniveau 5 cm überragen. Die Wege zwischen den Beeten mit Kies aufschütten, um die Kräuter leichter zugänglich zu machen.

Schritt 3

Setzen der Hauptpflanzen

In Beet A sieben Gemeine Buchse, in Beet B Silberbuchse im Abstand von jeweils 23 cm sowie fünf Lavendel im Abstand von jeweils 26 cm setzen (siehe „Einpflanzen im Topf gezogener Kräuter“ unter Grundtechniken, S. 96). Einen Pyramidenbuchs in jedes Beet, das Bäumchen *Phillyrea angustifolia* in Beet A, die Wald-Heckenkirsche in Beet B setzen (zum Pflanzen von Holzgewächsen siehe unter „Rabatte in Blau und Grau“, S. 32–33).

Schritt 4

Pflanzen der Küchenkräuter

Kräuter in Töpfen – am besten mit 13 cm Durchmesser – kaufen. Die Beete, wie in Plan A und B rechts oben gezeigt, bepflanzen und die gegenüberliegenden Beete entsprechend gestalten. Die Anfertigung der Holzobeliske ist unter Grundtechniken auf S. 96 beschrieben.

Kräuterpodest

DIE IDEE ZU DIESEM KRÄUTERPODEST stammt aus den Gewächshäusern und der Orangerie der Villa Pisani nahe Padua. Es ermöglicht die Kultur vieler Pflanzen auf engem Raum. Wenn man die halbkreisförmige Konstruktion zweifach anfertigt und aneinanderfügt, entsteht ein Rundpodest. Das Originalpodest ist aus Eiche, aber das wasserfeste Sperrholz, das in unserem Vorschlag verwendet wird, ist ein sehr preisgünstiger Ersatz.

Material & Ausrüstung

gehobeltes Brett, 450 x 10 x 5 cm • Außensperrholz, 120 x 60 x 2 cm • langes Lineal • Bügelsäge und Sägeblatt • Schrauben: 0,45 x 5 cm und 0,5 x 10 cm • je 1 l helles Holzschutzmittel und dunkelgrüne matte Emulsionsfarbe • 17 Tontöpfe • Tonscherben • lehmhaltige Pflanzerde • Küchenkräuterpflanzen (siehe Schritt 8, gegenüber)

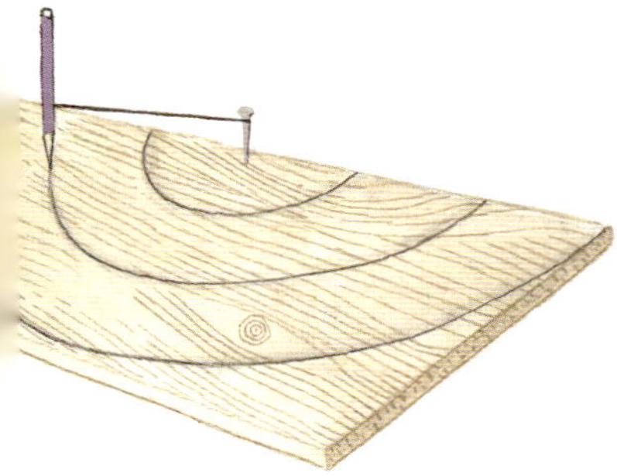

Schritt 6

Anfertigung der Bretter

Für die Bretter drei konzentrische Halbkreise mit Radien von 20 cm, 40 cm und 60 cm aus der Sperrholzplatte sägen. Zur Markierung einen Nagel in die Mitte der Plattenlängsseite schlagen, daran mit Schnur einen Filzstift befestigen und die Kreise zeichnen.

Schritt 7

Anbringen der Bretter

Das obere Brett mit drei 5-cm-Schrauben von oben auf die Stützen schrauben. Die unteren Bretter jeweils mit zwei Schrauben befestigen. Mit Holzschutzmittel einlassen (nicht bei vorbehandeltem Holz) und mit Emulsionsfarbe streichen.

Schritt 8

Bepflanzen der Töpfe

Auf das Podest passen neun Töpfe mit je 15 cm und acht Töpfe mit je 20 cm Durchmesser. Man kann weitere Töpfe vor das Podest stellen. Zur Drainage in jeden Topf eine Tonscherbe legen, dann die Kräuter einpflanzen. Die Pflanzerde bis 2 cm unterhalb der Topfkante einfüllen.

Oberes Brett
- 4 Kapuzinerkressen (*Tropaeolum* 'Alaska')

Mittleres Brett
- Dost (*Origanum vulgare*)
- Salbei (*Salvia officinalis* 'Icterina')
- Dost (*Origanum vulgare* 'Gold Tip')

Unteres Brett
- Golddost (*Origanum vulgare* 'Aureum')
- Rosmarin (*Rosmarinus officinalis*)
- Krausblättrige Petersilie (*Petroselinum crispum* 'Moss Curled')
- Schnittlauch (*Allium schoenoprasum*)
- Ananas minze (*Mentha suaveolens* 'Variegata')
- Garten Salbei (*Salvia officinalis*)

Auf dem Boden
- Grüne Minze (*Mentha spicata*)
- Purpur-Salbei (*Salvia officinalis* Purpurascens Gruppe)
- Kölnischwasser-Minze (*Mentha* x *piperita* 'Citratra')
- Stiefmütterchen (*Viola tricolor*)
- Gartenbohnenkraut (*Satureja hortensis*)
- Zitronenthymian (*Thymus* x *citriodorus* 'Aureus')
- Grüne Minze (*Mentha spicata*)

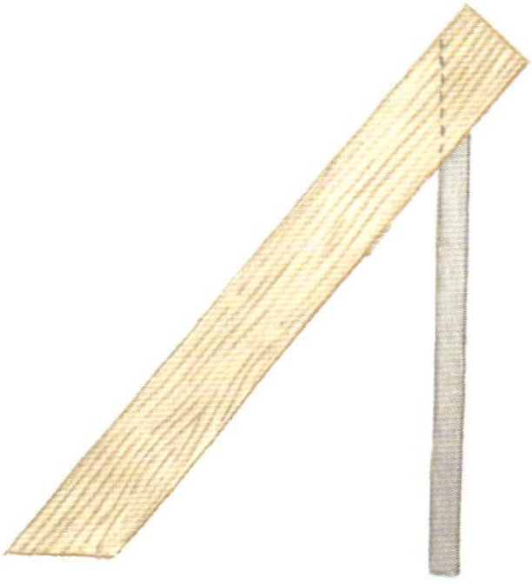

SCHRITT 1

Anfertigung der Vorderstrebe

Für die Anfertigung der Vorderstrebe ein 1 m langes Bretterstück flach auf den Boden legen. Mit Hilfe eines langen Lineals die Schnittwinkel am Brett, wie nebenstehend gezeigt, markieren. Die endgültige Länge der Vorderstrebe sollte 86 cm betragen.

SCHRITT 2

Anfertigung der Hinterstreben

Die Anordnung der Hinterstreben ist nebenstehend gezeigt. Vom Brett zwei Stücke von je 90 cm absägen und flach auf den Boden legen. Mit Hilfe des langen Lineals die Schnittwinkel markieren (siehe Zeichnung). Achtung: Die beiden Hinterstreben sollen sich jeweils an die Vorderstrebe anlegen, daher deren Breite bei der Winkelmarkierung berücksichtigen. Das Lineal sollte oben 2 cm überstehen.

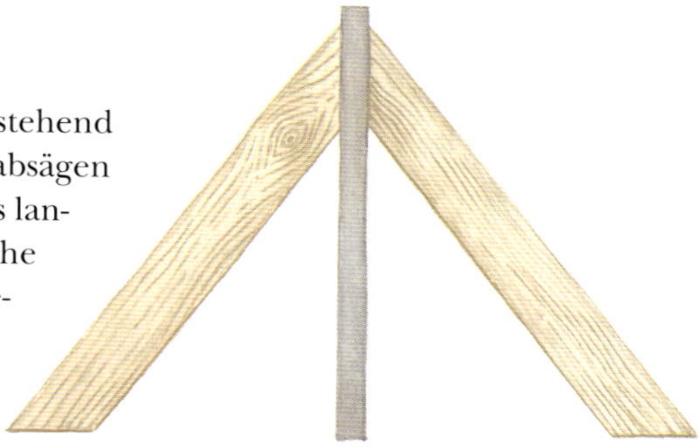

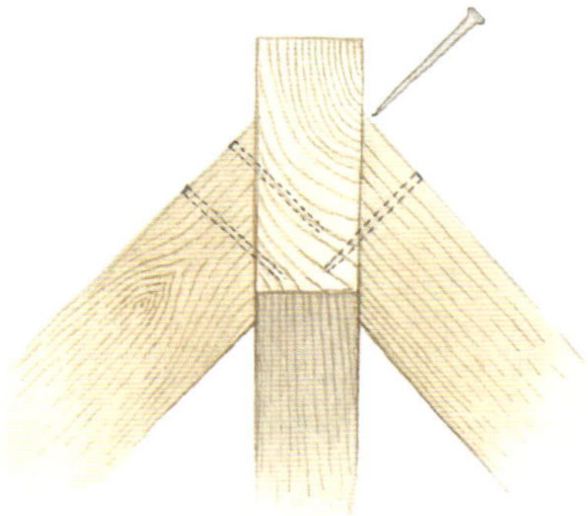

SCHRITT 3

Zusammennageln der Streben

Die Hinterstreben mit zwei 10-cm-Schrauben an die Vorderstrebe anschrauben. Löcher vorbohren (siehe Zeichnung), dabei die Hinterstreben 2 cm unterhalb des vorderen Endes der Streben anlegen.

SCHRITT 4

Anbringen der oberen Brettstützen

Mit der Bügelsäge neun Stützen aus dem Brett sägen. (Stützenschablone siehe Grundtechniken, S. 97.) Zunächst die oberen Brettstützen anbringen, dabei Ecken von den Brettstützen für die Hinterstreben absägen, so daß eine 2 cm lange Kante entsteht. Die Stützen an die Streben schrauben.

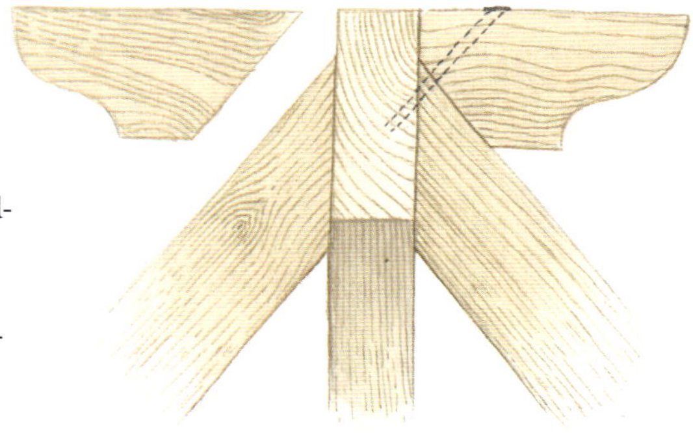

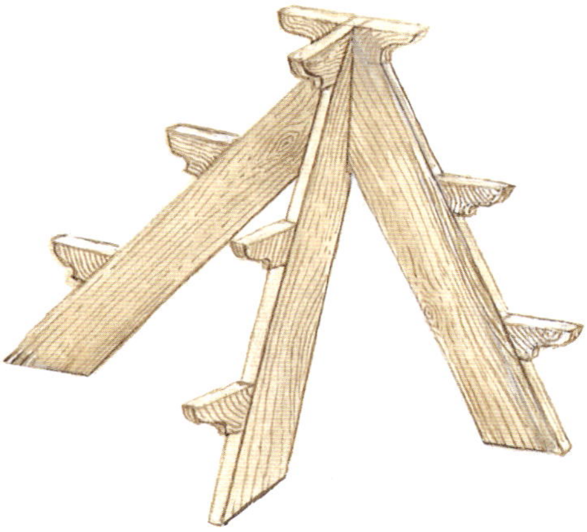

SCHRITT 5

Anbringen der anderen Brettstützen

Von den Stützen für die mittleren und unteren Bretter keine Ecken absägen. Die Stützen wie nebenstehend gezeigt anbringen. Die Abstände zwischen den Stützen bzw. Stütze und Boden betragen von oben nach unten 29 cm, 32 cm und 26 cm. Löcher vorbohren und die Stützen von oben auf die Streben schrauben. Auf der Vorderstrebe die Brettstützen entsprechend anbringen.

Kräuterkasten

JEDE KÜCHE BRAUCHT eine Grundausstattung an Kräutern. Dieser Kasten bietet auch bei wenig Platz einen ausreichenden Kräutervorrat unter dem Fenster. Niedrige und höher wachsende Kräuter sowie schöne Farbkontraste ergeben sich durch goldenen Salbei, violetten Basilikum und cremefarbenen Dost. Mit anderen Kräutern können Sie Ihre eigenen Farbkombinationen schaffen.

Material & Ausrüstung

1 Holzblumenkasten, 78 x 30 x 25 cm • Holzleisten, 110 x 2 x 0,6 cm und 117,5 x 3 x 3 cm für die Profilleisten • Edelstahlschrauben: 0,45 x 5 cm und 0,35 x 3,5 cm • Drahtstifte • wasserfester Leim (PVA) *• je 1 l helles Holzschutzmittel und Holzfarbe (hellgrüne und graubraune Farbe mischen) • mit Gartenerde vermischte Pflanzerde • 1 Plastiktopf • Kräuterpflanzen (siehe Schritt 6, gegenüber)*

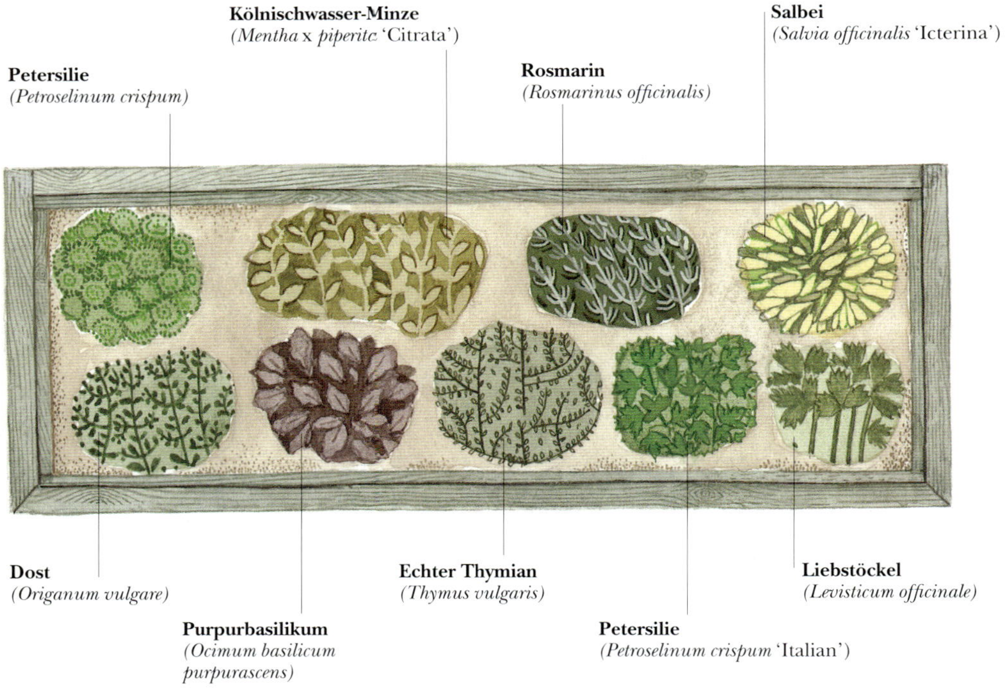

Schritt 6

Bepflanzen des Kastens

Wenn die Farbe getrocknet ist, drei Viertel des Kastens mit Pflanzerde füllen und die Kräuter laut Plan anordnen. Minze neigt zum Wuchern, daher im Plastiktopf setzen. Kasten mit restlicher Pflanzerde auffüllen und gründlich wässern. Die Kräuter regelmäßig gießen und stutzen.

Schritt 1

Anfertigung des Kastens

Dieser Holzkasten kann in einem Gartencenter erworben oder selbst gebaut werden (siehe „Anfertigung eines Blumenkastens“ unter Grundtechniken, S. 99, wo auch Holzverbrauch und genaue Maße angegeben sind). Man kann den Kasten gleich bepflanzen oder ihn, wie unten gezeigt, verzieren.

Schritt 2

Anbringen des Gitterrahmens

Von der 2 x 0,6-cm-Leiste drei Leisten von je 27 cm absägen und mit Leim und Drahtstiften wie nebenstehend gezeigt hochkant 3 cm unterhalb der Kastenoberkante der Vorderseite befestigen. Vier Leisten von je 36 cm absägen und horizontal dazwischen anbringen.

Schritt 3

Anbringen der Gitterstreben

Zwei Leisten von je 45 cm von der 2 x 0,6 cm Leiste absägen. Die Eckwinkel zum Einpassen der Leisten markieren, zusägen. Mit Leim und Drahtstiften befestigen.

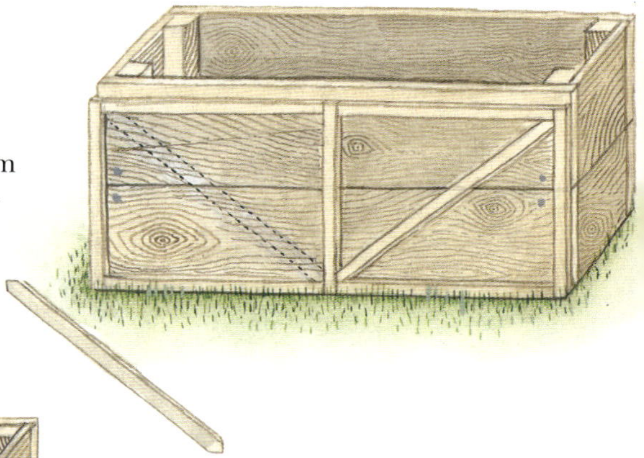

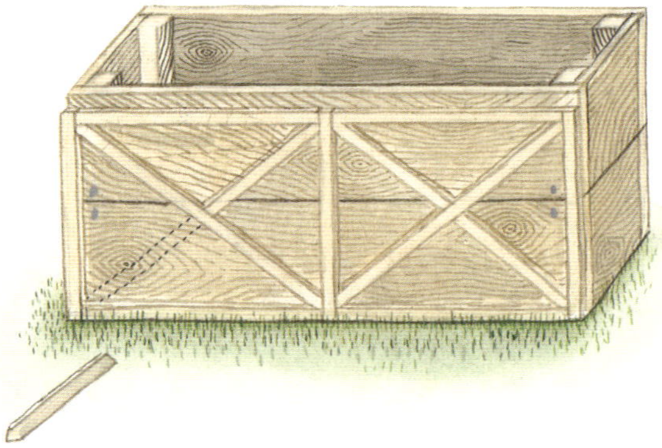

Schritt 4

Anbringen der Gitterstreben

Für das Gittermuster zwei Leisten von je 45 cm absägen, halbieren und Ecken anpassen. Mit Leim und Drahtstiften befestigen, überschüssigen Leim abwischen.

Schritt 5

Anbringen der Profilleisten

Von der 3 x 3-cm-Leiste vier Profilleisten absägen: für die Seiten je 31 cm, für vorne 84 cm und für hinten 78 cm. Die vordere Leiste an beiden, die Seitenleisten an jeweils einem Ende gehren (siehe S. 98). Die Leisten von innen mit 5-cm-Schrauben befestigen. Holzschutzmittel und Farbe aufbringen.

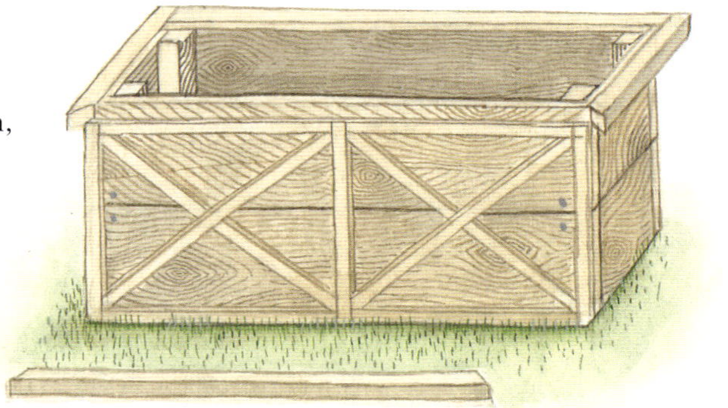

Kräutergärtchen mit Klinkereinfassung

DIESE SCHMALE KRÄUTERRABATTE, bestückt mit Küchenkräutern und einigen Duftkräutern, paßt ausgezeichnet vor eine Hauswand, möglichst eine Südwand. Die ebenso dekorative wie einfache Methode, Beet und angrenzenden Kiesweg durch Klinker voneinander zu trennen, stammt aus dem 19. Jahrhundert.

Material & Ausrüstung

4 Holzpflöcke • 5,7 m Schnur • Maßband • Winkelmaß • Spaten • Bodenstampfer aus Metall • kleiner Sack Zement • Sack mit weichkörnigem Sand • 28 frostbeständige Klinkersteine • Vorschlaghammer • Ziegelschotter • Ziegelbruch • abgelagerter Mist • Küchenkräuterpflanzen (siehe Schritt 6, gegenüber)

Schritt 6

Pflanzen der Kräuter

Töpfe mit Kräutern für die Herbst- oder Frühjahrspflanzung (nicht bei Frostwetter pflanzen!) kaufen. Die Kräuter laut Plan setzen (siehe „Einpflanzen im Topf gezogener Kräuter“ unter Grundtechniken, S. 96).

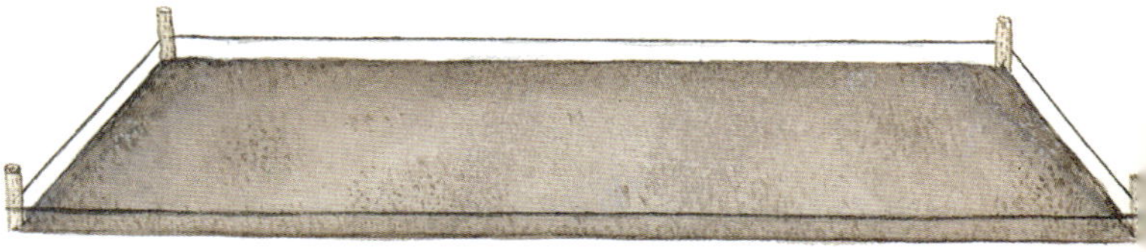

SCHRITT 1

Vorbereiten des Beetes

Einen sonnigen Platz mit guter Drainage suchen – am besten vor einer Südwand. Mit Pflöcken und Schnur ein Beet von 200 x 85 cm abstecken. Rechtwinkligkeit mit dem Winkelmaß überprüfen. Grasnarbe entfernen und die Erde umgraben (siehe „Tiefe Boden bearbeitung" unter Grundtechniken, S. 97).

SCHRITT 2

Vorbereiten der Einfassung

Die Klinker werden in einer Richtung mit einem Winkel von 45° an drei Seiten des Beets verlegt. Eine Furche – 15 cm tief und 13 cm breit – auf drei Seiten ausheben. In der Furche die Erde feststampfen, am besten mit einem Bodenstampfer aus Metall.

SCHRITT 3

Setzen der Klinker

Fünf Teile weichkörnigen Sand mit einem Teil Zement und Wasser zu einer zähen Masse verarbeiten. Den Boden der Furche mit einer etwa 6,5 cm dicken Zementschicht bedecken und die Klinker darauf setzen. Sie werden nicht aneinandergemörtelt.

SCHRITT 4

Nivellierung der Einfassung

Für die Nivellierung eine Schnur spannen, die 13 cm über dem Boden um das Beet läuft. Mit dem Vorschlaghammer die Klinker bis zur richtigen Höhe einrammen, dabei zum Schutz der Klinkeroberfläche ein Stück Holz zwischen Klinker und Hammer legen.

SCHRITT 5

Kiesumrandung

Nach Fertigstellung der Klinkereinfassung den Kies auf eine Schicht Ziegelbruch und eine Schicht Ziegelschotter aufbringen (siehe Zeichnung).

Küchenkräuter in Faßhälften

DIESE HOLZFÄSSER BIETEN eine ausgezeichnete Möglichkeit, verschiedene Küchenkräuter auf kleinstem Raum zu ziehen. Sie ergeben nicht nur einen schönen Anblick, sondern auch einen Vorrat an frischen Küchenkräutern. Man kann natürlich auch andere Kräuter, etwa Borretsch, Dill und Kümmel, ziehen.

Material & Ausrüstung

3 Holzfässer: 30 cm, 47,5 cm, 60 cm im ø • dunkelgraue Rostschutzgrundierung • 1 l dunkelgrüne Emulsionsfarbe • elektrische Bohrmaschine oder Handbohrgerät • 180 l mit Gartenerde vermischte Pflanzerde • 1 Plastiktopf, 13 cm ø • Kräuterpflanzen (siehe Schritt 3, gegenüber)

Großes Faß

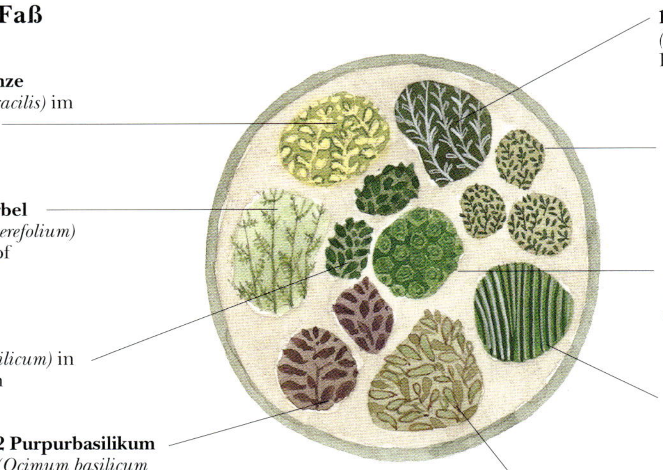

Pflegehinweise

- *Purpur-Salbei jeweils im Herbst auf handliche Größe zurückschneiden.*
- *Die zweijährige Petersilie ein- oder zweimal pro Jahr ersetzen, damit sie nicht zu groß wird.*
- *Das einjährige Basilikum alljährlich nach der Frostperiode neu pflanzen.*
- *Falls man auch im Winter Kerbel haben will, zweimal im Jahr säen.*
- *Mauerpfeffer braucht es trocken.*

Pflanzalternativen

Eine andere Bepflanzung der Fässer zeigt Ringelblumen *(Calendula officinalis)* und Stiefmütterchen *(Viola tricolor)* im kleinen und ein Lorbeerbäumchen *(Laurus nobilis* 'Aurea') im mittleren Faß. Am Bambuswigwam emporwachsende Kapuzinerkresse ist ein eindrucksvolles hohes Strukturelement.

Schritt 1

Anstreichen der Faßhälften

Die um die Faßhälften laufenden Metallreifen mit dunkelgrauer Rostschutzgrundierung behandeln, dann Faßhälften und Metallreifen mit dunkelgrüner Emulsionsfarbe streichen. Der Anstrich bleibt ziemlich lange wetterbeständig, sollte aber bisweilen erneuert werden, wenn die Farbe spröde wird oder abzublättern beginnt.

Schritt 2

Bohren von Drainagelöchern

Mit der elektrischen Bohrmaschine oder mit dem Handbohrgerät in jeden Faßboden drei Löcher bohren, falls diese nicht bereits vorhanden sind.

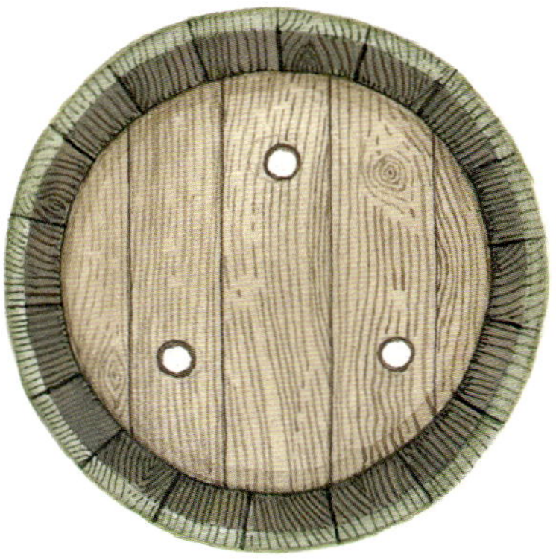

Schritt 3

Bepflanzen der Fässer

Jedes Faß wie unten beschrieben bepflanzen. Die Fässer mit Pflanzerde füllen und die Kräuter setzen. Das Erdniveau sollte nach dem Einpflanzen der größeren Kräuter etwa 2,5 cm unter der oberen Faßkante liegen. Mit Pflanzerde auffüllen und festdrücken.

Kleines Faß

Mittleres Faß

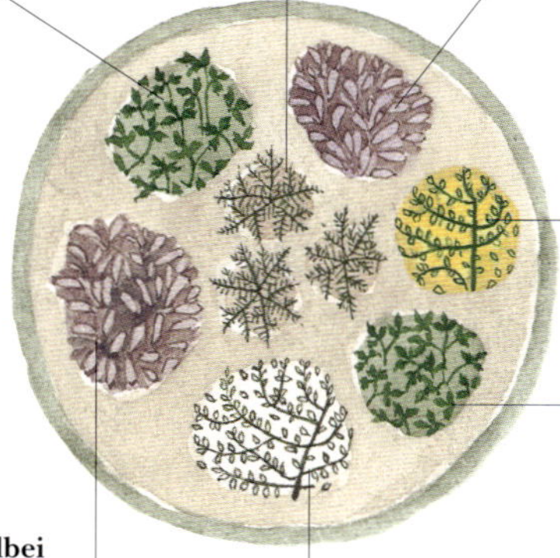

oben Weißes Fingerkraut und violetter Lauch werden gesäumt von stark duftendem pinkfarbenem *Dianthus.*

oben Unvergleichlich frisch wirkt diese Wildblumenwiese, die an die frühe italienische Renaissancekunst erinnert.

oben Purpursalbei, Minze und Schafgarbe bilden den Hintergrund für die auffallenden Blätter der Flockenblume.

Natürliche Gärten

Üppige Kräuterbeete sehen immer natürlich aus. Wenn man das Aussamen der Pflanzen zuläßt, gelingen oft unerwartete Effekte. Ein kunstvolles Gesamtmuster, das aus der Nähe betrachtet werden sollte, entsteht durch wohlüberlegtes Anpflanzen. Das Nebeneinander von zufälligem Wuchs und geometrischer Einfassung mit Buchs ist von besonderem Reiz.

oben Eine anziehende, kunstvoll „wilde“ Rabatte, die ohne scharfe Begrenzung in den Kies übergeht. Frauenmantel *(Alchemilla mollis),* Fingerhut *(Digitalis)* und Walderdbeere *(Fragaria vesca)* durften zwischen Purpursalbei *(Salvia officinalis,* Purpuracens-Gruppe) und Maßliebchen aufkommen und den Kies bewachsen.

unten Dieser hohe Lauch mit Büscheln kleiner sternförmiger Blüten wirkt im natürlichen Beet sehr interessant.

oben Die Salbei-Familie ist so groß, daß man einen ganzen Garten damit gestalten kann. Hier stehen Purpursalbei und der große hellviolette und weiße Muskatellersalbei neben den zarten Blüten weißen Baldrians.

oben Ein bezauberndes Beet in Grau-Weiß: silberblättriger Estragon, weiße Schwertlilie und *Allium cristophii*.

oben Die leuchtend grünen Fenchelblätter bilden einen schönen Hintergrund für blühende Kräuter wie Storchschnabel, Nelken und Mutterkraut. Höhe und Fiedrigkeit des Fenchel passen besonders gut zu niedrigen Blumen.

Natürliches Beet

DIE UNTERSCHIEDLICHE GRÖSSE der Kräuter kann man sehr eindrucksvoll einsetzen. Dieses kleine Beet, in dem sich Engelwurz, Rainfarn und Muskatellersalbei finden, vereinigt vielfältige Größen, Strukturen und Farben. Eine Hecke, eine Mauer oder ein Zaun können als Bühne für die die Szene beherrschenden Kräuter dienen. Es eignet sich besonders gut für ein sonniges Plätzchen in einem kleinen Garten.

Material & Ausrüstung

4 Holzpflöcke • 6 m Schnur • Kies •

Spaten• abgelagerter Mist •

Kräuterpflanzen (siehe Schritt 2, gegenüber)

Schritt 3

Das keilförmige Beet sieht für sich allein gut aus, aber man kann es auch in einem größeren Komplex – etwa einem halb- oder viertelkreisförmigen Garten – mehrfach einsetzen und laut Plan B bepflanzen.

Plan B

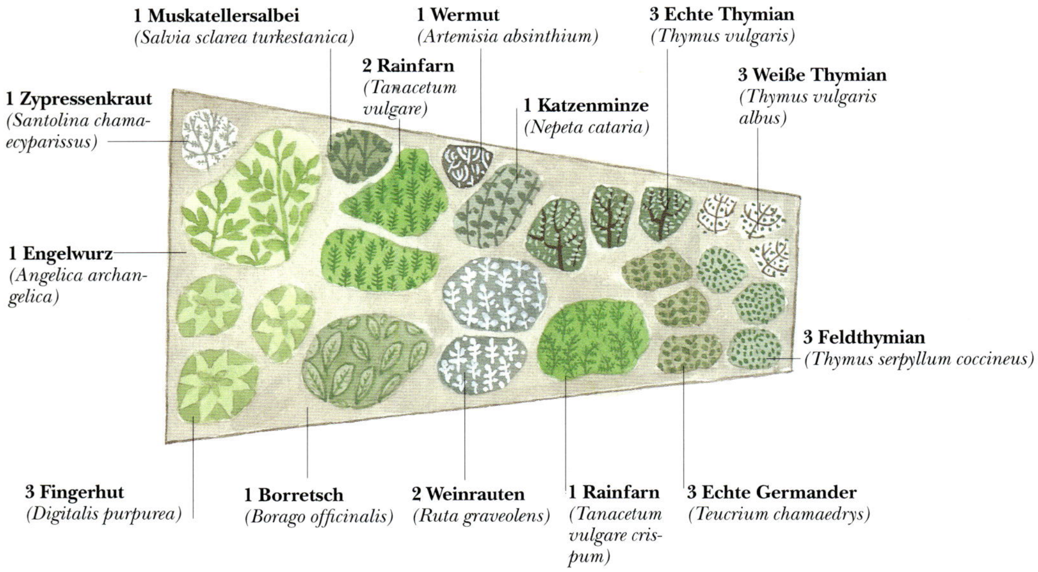

Pflegehinweise

- *Die Kräuter dürfen die Beetkanten überwachsen. Die Kiesumrandung darf ihrerseits ins Beet eindringen.*
- *Gamander im Sommer zurückschneiden, damit er dicht bleibt.*
- *Abgestorbene Pflanzen im frühen Frühjahr entfernen.*
- *Die zweijährige Engelwurz darf sich aussäen; Sämlinge ausjäten.*
- *Über anderen Pflanzen liegende alte oder tote Gewächse im Winter abschneiden; einige jedoch als Frostschutz belassen.*

Schritt 1

Abstecken der Parzelle

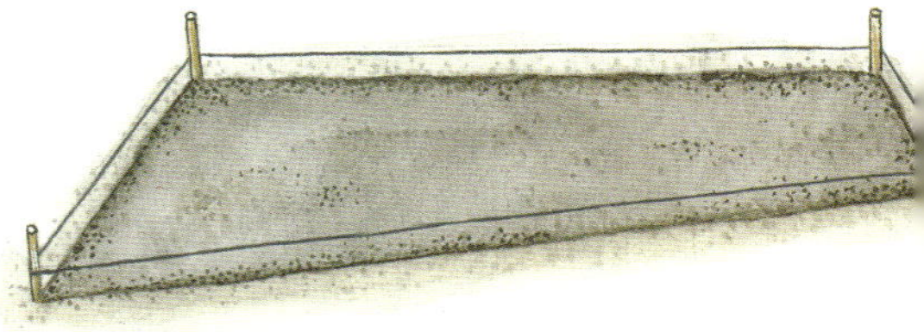

Mit Pflöcken und Schnur eine trapezförmige Parzelle (3,7 m, 1,8 m, 60 cm) abstecken. Die Grasnarbe entfernen und den Boden umgraben (siehe „Tiefe Bodenbearbeitung“ unter Grundtechniken, S. 97). Für die Kiesumrandung einen 90 cm breiten Grasstreifen abheben. Auch Pflaster eignet sich als Umrandung, Gras könnte wegen der über die Beetkante wachsenden Pflanzen nicht geschnitten werden.

Plan A

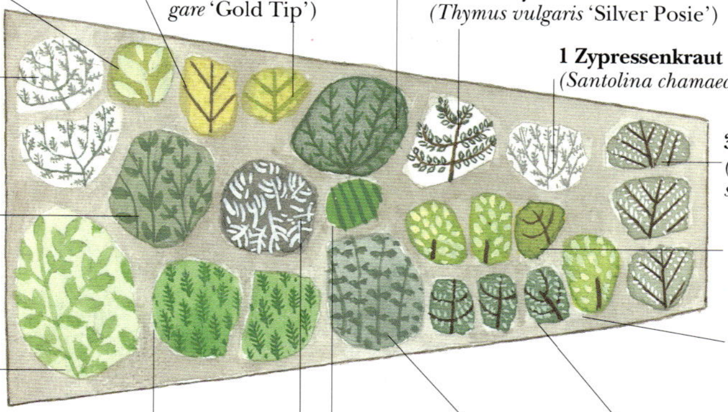

Schritt 2

Pflanzen der Kräuter

Die Kräuter brauchen einen warmen, sonnigen Platz und wasserdurchlässigen Boden. Abgesehen von der zweijährigen Engelwurz sind alle Kräuter mehrjährig. Allium ist ein Zwiebelgewächs. Die Kräuter laut Plan im Frühjahr oder Herbst setzen (siehe „Einpflanzen im Topf gezogener Kräuter“, S. 96).

Blumenwiese

BEIM ANLEGEN EINER WILDBLUMENWIESE muß man Lage, Bodentyp, Aussehen und Beschaffenheit des Platzes beachten und für ein Gleichgewicht in der Pflanzengesellschaft sorgen. Das Zusammenstellen einer eigenen Blumenmischung macht viel Spaß. Eine Wildblumenwiese muß nicht unbedingt groß sein, man kann ihr aber beliebig viel Platz einräumen. In unserem Vorschlag sind es – passend für einen Stadtgarten – 4,3 x 5,6 m.

Material & Ausrüstung

4 Pflöcke • 20 m Schnur • Winkelmaß • Grabgabel • Rechen • heller Sand • 128 Weißdornsträucher (Crataegus monogyna) *• 85 g Grasmischung (siehe Schritt 2, gegenüber) • 106 g Wildblumenmischung (siehe Schritt 2, gegenüber) • Waage • großer Beutel • Stücke fester Folie oder dünnen Kartons*

Schritt 4

Die Saat durch Aufstellen einer einfachen Vogelscheuche vor Vögeln schützen. Gut geeignet sind an Schnüren befestigte Plastik- oder Kartonstücke, die 15 cm über der Erde zwischen Holzpflöcke gespannt sind.

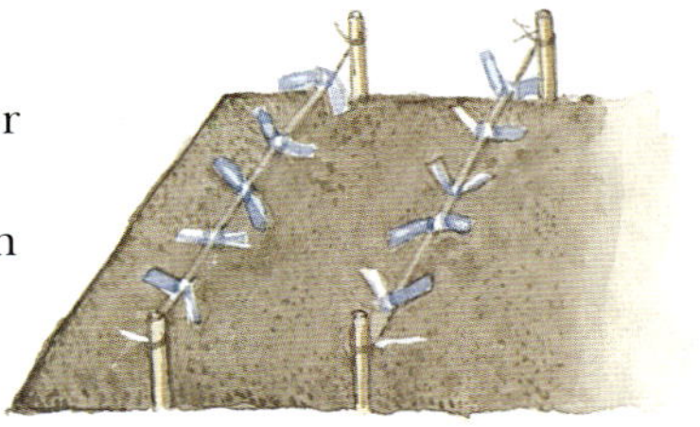

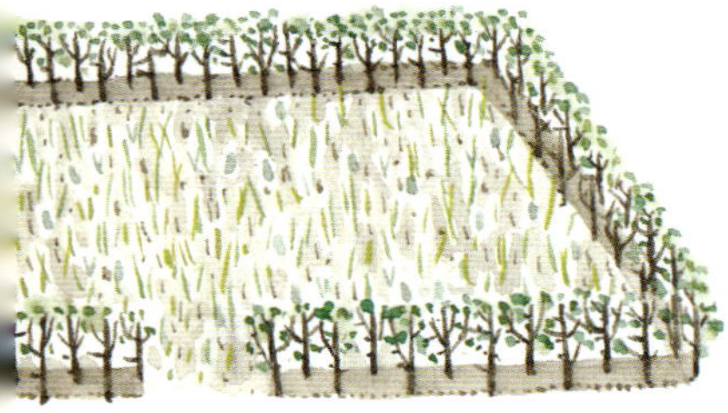

Schritt 5

Pflanzen der Einfassungshecke

Eine Hecke eignet sich gut als Einfassung für die Wiese. Eine niedrige Weißdornhecke verstärkt den ländlichen Eindruck und trennt die Wiese von eher strengen Gartenbereichen ab. Weißdorn ist schnellwüchsig und muß häufig zugeschnitten werden, damit er in Form bleibt. Um die Wiese eine 30 cm breite Furche anlegen. Damit die Hecke dicht wird, in zwei versetzten Reihen mit jeweils 30 cm Abstand die Weißdornpflanzen setzen.

Schritt 6

Erst nach mehreren Jahren erreicht die Wiese einen Gleichgewichtszustand. Falls die Samenmischung keine Frühblüher enthält, die Wiese bis zum späten Frühjahr auf 5 cm Höhe halten und sie dann bis zum Ende der sommerlichen Hauptblüte, die etwa einen Monat dauert, nicht mehr schneiden.

Pflegehinweise

- *Fremde Pflanzen ausjäten. Machen Sie sich mit dem Aussehen Ihrer Wildblumen vertraut, so daß Sie Unkräuter erkennen.*
- *Im ersten Jahr Gras und Blumen mit dem Rasenmäher auf 5 cm schneiden. Dies verhindert, daß sich vitalere Pflanzen auf Kosten der anderen ausbreiten.*
- *Vitale Gräser und Blumen schneiden, sobald sie 7 cm hoch sind. Die Abfälle zusammenrechen, falls der Rasenmäher keinen Sammelkorb hat.*
- *Die Sämlinge in der frühen Wachstumsperiode bei Trockenheit gießen; gründlich durchfeuchten, damit das Wasser tief in den Boden eindringen kann*
- *Nach der Hauptblüte wenigstens einmal pro Monat auf 8–10 cm zurückschneiden.*

Schritt 1

Vorbereiten des Beetes

Einen sonnigen Platz mit guter Drainage wählen. Das Beet sollte einige Zeit vor der Frühjahrs- oder Herbstsaat vorbereitet werden. Ein Feld von 4,3 x 5,6 m mit Pflöcken und Schnur abstecken. Die Rechtwinkligkeit mit dem Winkelmaß überprüfen. Die Grasnarbe entfernen und den Boden umgraben, dabei Unkraut und Unkrautwurzeln entfernen. Damit keine Unkrautsamen an die Oberfläche gebracht werden, zu tiefes Graben vermeiden. Die Erde feinkrumig aufbrechen und glattrechen.

Schritt 2

Mischen der Samen und Aussäen

Das Mischverhältnis sollte 80% Grassamen zu 20% Wildblumensamen betragen. Wenn nur wenig Fläche zur Verfügung steht, kann man den Blumenanteil vergrößern, obwohl damit der Eindruck einer Naturwiese geschmälert wird. Die genaue Saatmenge abwiegen und in einem Beutel mischen. Damit eine ausgewogene Mischung entsteht, die Saatmenge durch die Anzahl der ausgewählten Arten teilen.

Blumen

Gemeine Flockenblume
Skabiosen-Flockenblume
Moschusmalve
Schafgarbe
Hornklee
Klappertopf

Gräser

Gemeines Straußgras
Knäuelgras
Rotschwingel

Andere Blumen zur Auswahl

Scharfer Hahnenfuß
Kriechender Hahnenfuß
Taumelkälberkropf
Wiesenstorchschnabel
Ackerwitwenblume
Weiße Taubnessel
Rauher Löwenzahn
Margerite
Gelbdolde
Schlüsselblume
Wiesensalbei
Bocksbart
Rotklee
Weißklee
Futterwicke

Andere Gräser zur Auswahl

Wiesenrispengras
Wiesen-Fuchsschwanzgras
Wohlriechendes Ruchgras
Raygras
Glatthafer

Schritt 3

Einsaat

Mit dem hellen Sand den Platz in Quadrate von 60 x 60 cm teilen. In sehr kalten Gegenden im Frühjahr, in trocken-heißen Gegenden im Herbst einsäen, damit sich die Pflanzen vor der Trockenperiode entwickeln können. Das gemischte Saatgut in etwa gleiche Portionen teilen und eine Saatportion in jedes Quadrat streuen. Die Samen wie abgebildet einrechen und leicht festtreten.

Kräutergesäumter Weg

EIN KLINKER- ODER PFLASTERWEG macht den Kräutergarten auch bei feuchter Witterung gut zugänglich. Wege sind überdies Strukturelemente in einer Anlage und spielen eine ähnliche Rolle wie niedrige Hecken oder Graseinfassungen. Für einen kräutergesäumten Weg braucht man nicht viel Platz. Dieses nur 1,5 x 1,8 m große Beet paßt auch in den kleinsten Stadtgarten. Die Kräuter läßt man frei in den Weg hineinwachsen.

Material & Ausrüstung

4 Holzpflöcke • 7 m Schnur • Maßband • Winkelmaß • Spaten • Steinplatte, 60 x 60 cm • 9 frostbeständige Klinkersteine • eventuell Bodenstampfer • Wasserwaage • Sack mit scharfkörnigem Sand • kleiner Sack Zement • abgelagerter Mist • 5 Plastiktöpfe oder -kübel für die Minze • 1 Pflanzgefäß mit 30 cm Durchmesser für die Zitronenmelisse • Kräuterpflanzen (siehe Schritt 4, gegenüber)

Pflegehinweise

- *Die Kräuter so weit zurückschneiden, daß sie sich nicht gegenseitig erdrücken.*
- *Im Frühsommer neue Triebe des Lorbeers kürzen.*
- *Salbei zum Erhalt der kompakten Form vor der Blüte zurückschneiden.*
- *Thymian für einen buschigen Wuchs nach der Blüte stutzen.*

Schritt 1

Vorbereiten des Beetes

Das Beet für die Herbst- oder Frühjahrsbepflanzung im Halbschatten anlegen. Mit Holzpflöcken und Schnur einen 1,5 x 1,8 m großen Platz ausmessen, die Rechtwinkligkeit mit dem Winkelmaß nachprüfen. Die Grasnarbe entfernen und den Boden umgraben (siehe „Tiefe Bodenbearbeitung“ unter Grundtechniken, S. 97).

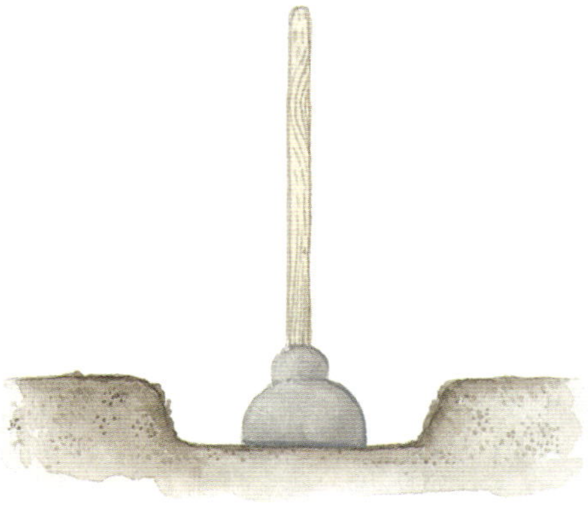

Schritt 2

Anlegen der Furche

In unserem Vorschlag werden stark gebrannte Normklinker verwendet, es eignen sich aber alle Pflasterklinker. Das Purpurrot harmoniert gut mit dem Purpursalbei. Für Pflasterklinker und Platte einen 25 cm breiten und 15 cm tiefen Graben (siehe Zeichnung) und ein Quadrat von 60 cm für die Steinplatte graben. Die Erde mit Bodenstampfer oder Füßen verdichten, so daß ein fester Untergrund für Beton und Pflaster entsteht.

Schritt 3

Verlegen von Klinkerpflaster und Platte

Aus fünf Teilen scharfkörnigem Sand und einem Teil Zement Mörtel mischen. Klinker und Platte in ein 9 cm hohes Mörtelbett legen. Die untereinander nicht mit Mörtel verbundenen Klinker sacht nach unten drücken, dabei mit der Wasserwaage überprüfen, ob sie das gleiche Niveau haben. Das Pflaster setzen und gründlich trocknen lassen, ehe man die Kräuter ins Beet pflanzt. Vorher noch etwas Kies auf die Thymian-Standorte schütten, falls der Boden nicht ohnehin eine gute Drainage hat.

Schritt 4

Pflanzen der Kräuter

Man sollte möglichst große Kräuter in Töpfen mit 10 cm Durchmesser kaufen, Garten-Bohnenkraut und Lorbeer in 15-cm-Töpfen. Die Kräuter im Herbst oder Frühjahr nach Plan setzen (siehe „Einpflanzen im Topf gezogener Kräuter“ unter Grundtechniken, S. 96). Die Minze vor dem Einpflanzen in Kübel oder Töpfe setzen, da sie zum Wuchern neigt. Die Goldzitronenmelisse in einen Tontopf von 30 cm Durchmesser pflanzen und ihn als Blickfang in die Beetmitte stellen.

Kräuter mit ausdrucksvollem Blattwerk

IN DIESEM BEET sind große Pflanzen über das ganze Beet verteilt und zeigen eindrucksvoll ihre Blattfülle, durch die man da und dort kleinere Pflanzen sieht. Auch in einem sehr kleinen Garten kann ein derart angelegtes Beet wie ein üppiger Dschungel wirken.

Material & Ausrüstung

4 Holzpflöcke • Maßband • 19 m Schnur • Winkelmaß • Spaten • abgelagerter Mist • Knochenmehl oder Wurzeldünger • 1 Buddleia davidii • *1* Rosa *'Madame Isaac Perreire'* • *1* Rosa *'Chapeau de Napoleon'* • *Kräuterpflanzen und Stauden (siehe Schritt 3, gegenüber) • eventuell Holzobelisk*

Schritt 3

Bepflanzen des übrigen Beetes

Das übrige Beet laut Plan bepflanzen. Stauden gibt es von Herbst bis Frühling, Varietäten im Topf sind ganzjährig erhältlich. Kräuterpflanzen verwenden (siehe „Einpflanzen im Topf gezogener Kräuter“, S. 96) oder aussäen. Im Freiland gesäte Arten mit Schildchen kennzeichnen.

Pflegehinweise

- *Die Rosen im Spätwinter oder frühen Frühjahr schneiden; dabei lange neue Triebe kürzen. Ab Frühsommer verblühte Teile entfernen.*
- *Verblühte Teile des Mutterkrauts im Sommer entfernen, um die Selbstaussaat einzuschränken.*
- Digitalis purpurea *'Sutton's Apricot' im Herbst unter Folie säen und im Frühjahr auspflanzen.*
- *Im ersten Jahr die Haupttriebe von* Buddleia davidii *bis zur Hälfte oder drei Vierteln zurückschneiden. In späteren Jahren die Triebe des Vorjahres zurückschneiden.*
- *Beim zweijährigen Fenchel alte Pflanzen entfernen, sobald neue da sind.*
- *Im Spätsommer Eberrautenblüten abschneiden.*

Schritt 1

Vorbereiten des Beetes

Das Beet im Herbst an einem sonnigen Platz mit guter Drainage anlegen. Schweren Lehm zerteilen und mit Kompost und scharfkörnigem Sand mischen. Mit Pfosten und Schnur ein Feld von 3,7 x 5,5 m abstecken, mit dem Winkelmaß die Rechtwinkligkeit überprüfen. Die Grasnarbe entfernen und den Boden umgraben (siehe „Tiefe Bodenbearbeitung“ unter Grundtechniken, S. 97).

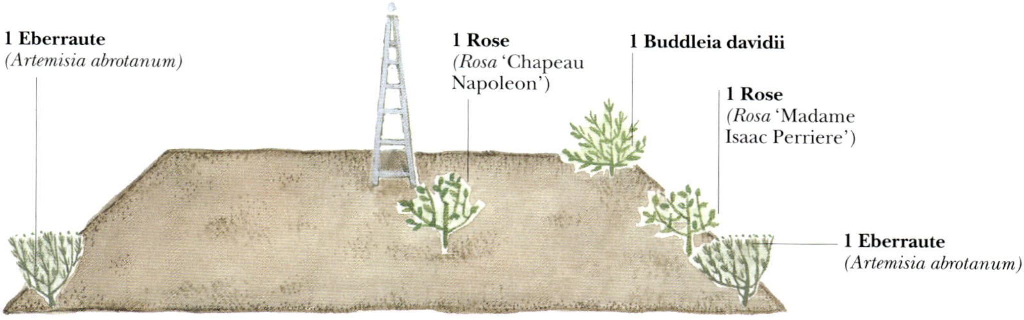

Schritt 2

Pflanzen der dominierenden Sträucher

Sträucher am besten zwischen Spätherbst und Vorfrühling setzen. Das Pflanzloch muß so groß sein, daß die Wurzeln nicht eingezwängt werden. Ausgehobene Erde mit abgelagertem Mist mischen. Rosen so einpflanzen, daß die Sproßverzweigung 2,5 cm unter dem Erdniveau liegt. Ausgehobene Erde einfüllen und festtreten. Gründlich wässern und mit Knochenmehl oder Wurzeldünger düngen. Den Obelisk (siehe S. 96) an die Beethinterseite stellen.

Andere Kräuter mit auffallendem Blattwerk

Hopfen
(Humulus lupulus)

Dill
(Anethum graveolens)

Japanischer Schlangenbart
(Ophiopogon japonicus)

Große Knorpelmöhre
(Ammi majus)

Echter Meerrettich
(Armoracia rusticana)

Rote Gartenmelde
(Atriplex hortensis 'Rubra')

Grundtechniken

Einpflanzen im Topf gezogener Kräuter

Schritt 1
Das Kraut sorgsam aus dem Topf nehmen.

Schritt 2
Die Wurzeln vorsichtig lockern und ins Loch setzen. Die Oberfläche des Wurzelballens sollte auf gleicher Höhe oder etwas unterhalb des umgebenden Bodens liegen. (Freiliegende Wurzeln ausbreiten.)

Schritt 3
Das Loch mit Erde locker füllen und leicht andrücken. Die Erde nicht festtreten. Auf ausreichenden Abstand achten und gut wässern.

Anfertigung eines Holzobelisken

Ein einfacher Obelisk kann in einem Kräuterbeet oder einer Kräuterrabatte als hohes Strukturelement dienen.

Material und Gerät

4 senkrechte Träger aus Holz , 275 x 5 x 5 cm
14 Holzlatten, 120 x 2,5 x 2,5 cm
2 Bretterbahnen, 180 x 15 x 2,5 cm
Nägel, 2,5 cm lang

Schritt 1
Träger längs in der Diagonale durchsägen, so daß Dreiecke gebildet werden können. Am Boden auslegen, die Querlatten im Abstand von je 18 cm annageln. Zwischen den Trägern bei 1 (vgl. Abbildung) einen Spalt von 2,5 cm, bei 2 einen von 5 cm lassen und die Latten an diesen Stellen durchsägen.

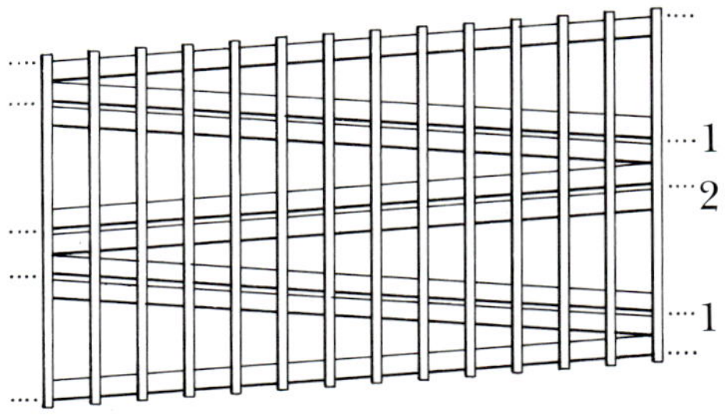

Schritt 2
Seitenteile einlassen oder streichen, dann den Obelisken zusammennageln. Für das Fußteil die Bretter an den fertigen Obelisken halten und die Schnittwinkel markieren. Acht Fußbretter sägen und – wie dargestellt – an die unteren Seiten des Obelisken annageln.

Tiefe Bodenbearbeitung

Tiefe Bodenbearbeitung ist notwendig, wenn ein neues Beet angelegt wird. In grasigem Gelände Grasnarbe entfernen, zerhacken und später auf den Furchengrund werfen. Falls erforderlich, Dünger in den Boden einarbeiten und mehrjährige Unkräuter entfernen.

Schritt 1
Eine 30–45 cm breite und etwa 30 cm tiefe Furche ausheben und die Erde an einer Seite ablegen.

Schritt 2
Die Furche 30 cm tief umgraben, Rasenstücke und organisches Material wie abgelagerten Mist oder Kompost einarbeiten.

Schritt 3
Eine zweite Furche ausheben und die Erde in die erste Furche füllen.

Schritt 4
Die zweite Furche 30 cm tief umgraben und Rasenstücke, Mist oder Kompost einarbeiten. In beschriebener Weise bis zum Ende des Beetes oder der Rabatte graben.

Schritt 5
Wenn man am Ende des Beetes oder der Rabatte angelangt ist, füllt man einfach die letzte Furche mit der Erde aus der ersten auf.

Stützenschablone für das Kräuterpodest

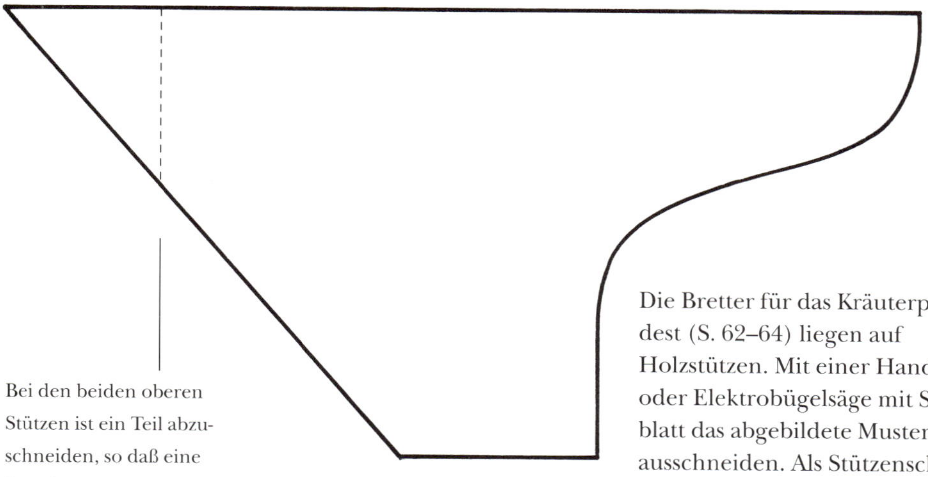

Bei den beiden oberen Stützen ist ein Teil abzuschneiden, so daß eine 2 cm lange Kante entsteht (siehe Zeichnung).

Die Bretter für das Kräuterpodest (S. 62–64) liegen auf Holzstützen. Mit einer Hand- oder Elektrobügelsäge mit Sägeblatt das abgebildete Muster ausschneiden. Als Stützenschablone sollte die Zeichnung 1,5fach vergrößert werden.

Holzenden gehren

Für einen Gehrungsschnitt benützt man am besten eine Gehrlade. Diese einfache Holzvorrichtung hat eine höhere seitliche Leiste mit Spalten zur Führung der Säge. Holz, das weniger als 5 cm dick ist, sägt man mit dem Fuchsschwanz. Das Holzstück an die Leiste der Gehrlade anlegen und winklig (meist 45°) an den Enden absägen. Auch rechte Winkel können mit der Gehrlade gesägt werden.

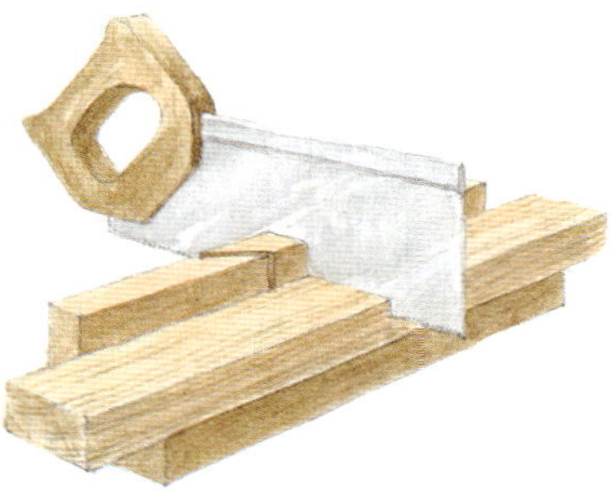

Anfertigung eines Gitterzauns

Der Gitterzaun wird aus Schnittholz gefertigt. Für den „Gitterumzäumten Kräutergarten" (siehe S. 58–60) muß dieses Teil achtmal angefertigt werden.

Material und Gerät

Pro Zaunteil:
Holz, 13 m x 5 cm x 2,5 cm
Holz, 183 x 8 x 2,5 cm
Holz, 180 x 8 x 8 cm
Holzklotz zum Einschlagen der Pfostenträger
2 Metall-Pfostenträger
Edelstahlschrauben, 8 cm lang
verzinkte Nägel, 5 cm lang
Vorschlaghammer
helles Holzschutzmittel
graue Holzfarbe

Schritt 1
Falls das Holz nicht vorbehandelt ist, mit hellem Holzschutzmittel einlassen. Zwei Latten von je 183 cm und zwei von je 60 cm vom 5 x 2,5-cm-Holz absägen. Mit Stift auf den langen Latten fünf gleiche Abschnitte markieren. Die vier Latten wie abgebildet aneinandernageln.

Schritt 2
Fünf 79-cm lange Latten vom 5 x 2,5-cm-Holz absägen und an den Markierungen auf den Rahmen nageln. Lattenkanten absägen (siehe Zeichnung).

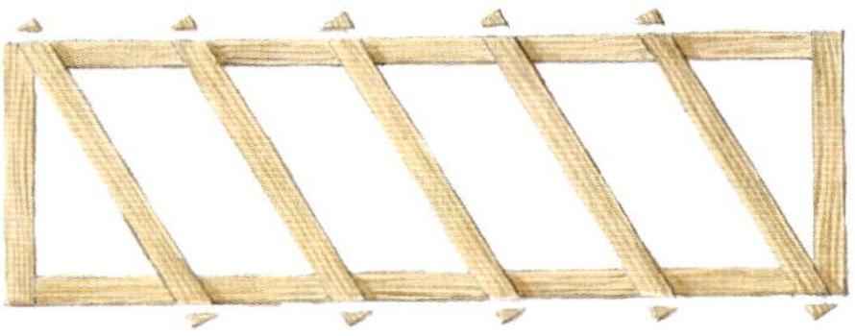

Schritt 3
Weitere fünf 79 cm lange Latten vom 5 x 2,5-cm-Holz absägen, auf den Rahmen nageln und überstehende Kanten absägen.

Schritt 4
Für die Zaunpfosten die beiden Metallträger mit Hilfe des Holzklotzes im Abstand von 183 cm so in den Boden schlagen, daß die obere Kante gerade noch herausschaut. Vom 8 x 8-cm-Holz zwei 90 cm lange Eckpfosten abschneiden und in die Pfostenhalter schlagen (siehe Zeichnung). Pro Gartenabschnitt (vgl. S. 58–60) braucht man einen dritten Pfosten mit Metallträger.

Schritt 5
Vier Löcher in die Senkrechten des Rahmens bohren und diese mit 8-cm-Schrauben an die Pfosten schrauben. Auf jedes Gitterzaunteil eine Abdeckung (183 x 8 x 2,5 cm) nageln.

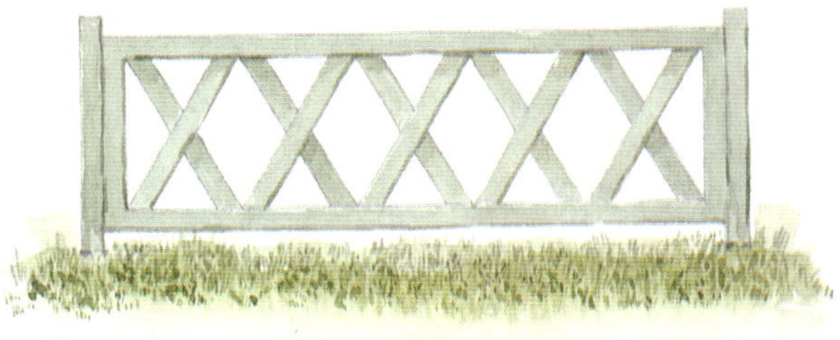

Anfertigen eines Blumenkastens

Nach dieser Anleitung kann man einen Kasten für „Kräuter in Balkonkästen“ (siehe S. 52–54), „Duftkräuter im erhöhten Blumenkasten“ (siehe S. 44–46) und „Kräuterkasten“ (siehe S. 66–68) anfertigen. Benötigte Holzmengen und -arten werden unten angegeben. Zu Verzierung und Bepflanzung siehe den jeweiligen Vorschlag.

Material und Gerät

Schraubenzieher
Elektrobohrer mit 2,5-cm-Bohreinsatz oder Handbohrgerät
Schrauben, 3,5 cm lang

Für einen Balkon-Kräuterkasten
4 Seitenbretter,
20 x 10 x 2,5 cm
4 Bretter für Vorder- und Rückseite,
91,4 x 10 x 2,5 cm
4 Holzpfosten,
15 x 2,5 x 2,5 cm
2 Holzleisten,
80 x 2,5 x 2,5 cm
2 Holzleisten,
15 x 2,5 x 2,5 cm
1 Außensperrholzbrett,
85 x 20 x 2,5 cm

Für den erhöhten Blumenkasten
2 Seitenbretter aus Außensperrholz,
16 x 20 x 2 cm
2 Außensperrholzbretter für Vorder- und Rückseite, 90 x 20 x 2 cm
2 Holzpfosten,
15 x 2,5 x 2,5 cm
2 Holzleisten,
81 x 2,5 x 2,5 cm
1 Außensperrholzbrett,
85,5 x 15,5 x 2 cm

Für den Kräuterkasten
4 Seitenbretter,
25 x 15 x 2,5 cm
4 Bretter für Vorder- und Rückseite,
78 x 15 x 3 cm
4 Holzpfosten,
30 x 3 x 3 cm
2 Holzleisten,
66 x 2,5 x 2,5 cm
2 Holzleisten,
19 x 2,5 x 2,5 cm
1 Außensperrholzbrett,
71,5 x 24,5 x 1 cm

Schritt 1 Anfertigen der Seitenwände
Löcher in die Ecken der Seitenbretter bohren. Jeweils zwei Seitenbretter an zwei Pfosten schrauben. Beachte: Der „Erhöhte Blumenkasten für Duftkräuter“ besteht ganz aus Sperrholzbrettern.

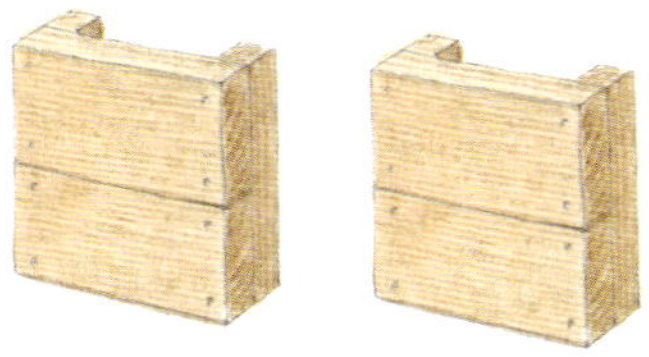

Schritt 2 Anfertigen der Vorder- und Rückwand
Löcher in Vorder- und Rückwand vorbohren und diese auf die Seitenwände aufschrauben (siehe Zeichnung). Kasten umlegen, um bündigen Abschluß der unteren Bretter mit den Pfosten herzustellen.

Schritt 3 Anbringen der Träger
Die beiden langen Holzleisten innen bündig an die unteren Bretter der Vorder- und Rückwand schrauben. In gleicher Weise die kurzen Trägerleisten an die unteren Bretter der Seitenwände schrauben.

Schritt 4 Anfertigen des Kastenbodens
Im Abstand von jeweils 2,5 cm acht Löcher in das Sperrholzstück bohren. Für die Pfosten eine quadratische Aussparung in jede Ecke des Bodens sägen und ihn dann auf die Trägerleisten legen.

Pflegehinweise

Ein Jahr im Kräutergarten

Die Planung für das neue Gartenjahr beginnt am Ende der Wachstumsphase, denn bis zu mildem Frost ist es günstig, im Vollherbst mit der Kräuterpflanzung zu beginnen.

Vollherbst

• Containerpflanzen können ganzjährig gesetzt werden, aber im Herbst oder Frühjahr wurzeln sie besser ein. Nicht vergessen: die Pflanze vor dem Setzen gründlich im Topf wässern. Bei trockenen Pflanzen den Wurzelballen zunächst in einen Eimer mit Wasser tauchen.

Für die Anlage eines neuen Kräuterbeetes auf bislang nicht bestelltem Grund muß der Boden vorbereitet werden (siehe „Tiefe Bodenbearbeitung", S. 97). Bäume, Sträucher und winterharte Stauden pflanzen. Für die Abstände die endgültige Größe der Pflanzen bedenken und je nach verfügbarem Platz in Gruppen von drei, fünf oder sieben setzen.

Wuchernde Kräuter wie Minze in einen Plastikkübel oder anderen Behälter pflanzen und damit in die Erde setzen, um übermäßige Ausbreitung zu vermeiden.

• Wärmeliebende Kübelpflanzen ins Gewächshaus oder den Wintergarten tragen.

• Für die Winterernte Petersilie und Dost unter Glas überwintern. Größere Büsche stutzen.

Spätherbst

• Solange der Boden frostfrei ist, können Bäume und Sträucher mit Wurzelballen gepflanzt werden. Niedrige Einfassungen wie Buchs, Ysop, Raute und Lavendel pflanzen (Abstand 23 cm).

• Empfindliche Pflanzen für den Winter abdecken.

Frühwinter

• Abgestorbene Teile entfernen, einige als Schutz für andere Pflanzen belassen.

• Den Kräutergarten möglichst so gepflegt wie im Sommer halten.

Hochwinter

• Zeit, die neue Saison zu planen. Samen bestellen und an Veränderungen und Verbesserungen denken.

Spätwinter

• Gegen Ende Februar wärmebedürftige Pflanzen im Haus aussäen.

• Winterharte Topfstauden und Holzgewächse bei frostfreiem Wetter setzen.

Vorfrühling

• Abgestorbene und krautige Pflanzenteile entfernen. Den Boden mit Knochenmehl düngen und lockern.

• Falls der Boden nicht zu naß ist, winterharte Ein- und Zweijährige säen.

• Bei frostfreiem Wetter kann man weiterhin winterharte Kräuter setzen.

Mittlerer Frühling

• In Behältern gezogene Kräuter setzen.

• Sträucher wie Salbei und Zypressenkraut zurückschneiden, damit sie dicht bleiben.

• Größere Holzgewächse schneiden.

• Weiterhin ins Freiland säen und in Behältern gezogene Pflanzen setzen.

• Mulche aus selbstbereitetem Kompost oder anderem organischen Dünger tut den Kräutern gut.

• Mediterrane Sträucher wie Rosmarin und Lavendel stutzen, damit sie dicht wachsen.

• Für eine strenge Form die Langtriebe junger Holzgewächse kappen.

Spätfrühling

Frostempfindliche und wärmebedürftige Pflanzen zur Abhärtung an einen geschützten Platz tragen.

• An Spätfröste denken.

• Zwischen Frühjahrsmitte und Frühsommer Unkraut jäten.

• Niederliegende Pflanzen aufbinden.

Frühsommer
- Mit seinen frischgrünen Blättern bietet der Kräutergarten jetzt vielleicht den schönsten Anblick. Man kann schon viele Kräuter ernten.
- Niedrige Hecken und Formpflanzen schneiden.

Hochsommer
- Samen von frühen Ein- und Zweijährigen für die Herbst- und Frühjahrsaussaat sammeln; Behältnisse beschriften.
- Pflanzen zum Trocknen und Aufbewahren ernten.
- Rosen- und Lavendelblüten für Potpourris und Duftsäckchen sammeln.

Spätsommer
- Weiterhin Blüten und duftende Blätter von Pflanzen wie Zitronenmelisse und Duftpelargonie sammeln und Kräuter zum Trocknen und Aufbewahren ernten.
- Reife Samen ernten.
- Formschnitt bei Hecken durchführen.

Frühherbst
- Wärmebedürftige und frostempfindliche Pflanzen ausgraben und in Töpfen im Gewächshaus oder im Haus überwintern.
- Boden lockern, ausdauernde Pflanzen düngen.

Ernten und Trocknen

Kräuter an einem sonnigen, trockenen Morgen ernten, wenn die Blätter abgetrocknet sind, die Sonne aber noch nicht hoch steht. Mit den Aromakräutern vorsichtig umgehen, damit sich die ätherischen Öle nicht verflüchtigen. Blätter erntet man meist kurz vor der Blüte, da sie später oft härter werden.
Kräuter mit kleinen Blättern in Sträußchen trocknen, dann abstreifen und in gut verschlossenen Behältern aufbewahren. Ganze Blüten mit dem Gesicht nach oben auf einem mit Papier belegten Tablett trocknen.

Kräuter in Gefässen

Kräuter in Gefäßen bieten mehrere Vorteile. Topfkräuter können griffbereit auf dem Fensterbrett oder in Türnähe stehen, und man kann die Kräuter in der Wachstumsphase umstellen, um ihre Entfaltung zu beeinflussen. Wärmebedürftige Kräuter wie Basilikum können im Gewächshaus oder im Wintergarten überwintern. Boden und sonstige Faktoren lassen sich leichter anpassen – z.B. durch scharfsandiges, wasserdurchlässiges oder feuchtes, torfiges Substrat für bestimmte Kräuter. Viele Kräuter mögen es eher trocken, was im Topf kein Problem darstellt.

Gefässe bepflanzen

Für die Gefäße das zu den Kräutern passende Substrat wählen. Bei Mischbepflanzung die spätere Größe der Kräuter beachten. Manches läßt sich durch Beschneiden und alljährliches Teilen korrigieren.

Täglich Bodenfeuchte prüfen und gießen. Ab Spätfrühling und während der gesamten Wachstumsphase gründlich wässern, am besten frühmorgens oder abends. Als Gießrand mindestens 2,5 cm zwischen Erde und Topfrand frei lassen. Mindestens einmal pro Woche mit Flüssigdünger gießen.

Falls es zum Wurzelstau kommt – die Wurzeln wachsen aus dem Topfboden heraus – im Frühjahr umtopfen: entweder in einen größeren Topf oder in zwei oder mehrere Töpfe setzen.

Kräuterglossar

Abkürzungen und Symbole

H Höhe
B Breite
● winterhart: –15 °C
❖ frostbeständig: bis –5 °C
◗ frostempfindlich: bis 0 °C
W wärmebedürftig: mindestens 10–18 °C

Achillea millefolium (Gemeine Schafgarbe)
H: 5–30 cm; B: 5–20 cm ●
Mehrjährig; benannt nach Achilles, der sie für die Wundheilung bei seinen Kriegern verwendet haben soll. Weiße bis rosa Blüten; mag wasserdurchlässigen Boden und volle Sonne.

Agrimonia eupatoria (Gemeiner Odermennig)
H: 30–60 cm; B: 20–30 cm ●
Winterharte Mehrjährige; gelbe Sommerblüten; erträgt basischen, jedoch wasserdurchlässigen Boden.

Ajuga reptans (Kriechender Günsel)
H: 10–30 cm; B: unbestimmt ●
Mehrjährig; immergrün mit blauen Blüten und verschiedenfarbigen Blättern. Mag feuchten Boden in Sonne oder Schatten. Die farbigen Blätter sorgen im Zusammenspiel mit anderen Kräutern für Kontraste. Bronzegünsel *(A. reptans* 'Atropurpurea') hat violett-dunkelbraune Blätter, *A. reptans* 'Burgundy Glow' bronze-rosafarbene Blätter und wird nur 8–15 cm hoch.

Alchemilla mollis (Frauenmantel)
H und B: 50 cm ●
Mehrjährig; leuchtend grüne Blätter, gelbgrüne Blüten von Spätfrühling bis Sommer. Mag frischfeuchten Boden sowie Sonne oder Halbschatten.

Allium (Lauch)
Laucharten mögen wasserdurchlässigen Boden und volle Sonne oder Halbschatten; Schnittlauch erträgt mehr Feuchtigkeit und Schatten.
A. aflatunense
H: 60–90 cm; B: 30 cm ●
Ein dekoratives Mitglied der Gattung Lauch mit großen, dichten Blütenköpfen im Frühsommer.
A. cristophii
H: 60 cm ●
Die silbrig-lila Blütenköpfe bestehen aus vielen großen sternförmigen Blüten.

A. schoenoprasum (Schnittlauch)
H: 10–60 cm; B: 30 cm ●
Bildet dünne, hohle Blätterbüschel und blüht violett- bis pinkfarben im Sommer. Nach der Blüte zurückschneiden.
A. tuberosum (Kantenlauch)
H und B: 47 cm ●
Mehrjährig; abgeflachte Blätter und duftende, sternförmige Blüten im Spätsommer.

Anethum graveolens (Echter Dill)
H: 60–90 cm; B: 15–30 cm ❖
Ein- oder zweijährig; hohler Stengel und fiedrige Blätter. Aus den gelben Sommerblüten entstehen duftende Samen. Mag wasserdurchlässigen, pH-neutralen Boden und Sonne.

Angelica archangelica (Engelwurz)
H: 90–250 cm; B: 45–100 cm ●
Zwei- oder mehrjährig; im Frühsommer Dolden kleiner grünweißer Blüten, dann schöne Samenstände. Diese große, ausdrucksvolle Pflanze sät sich selbst aus und mag feuchten Boden sowie Sonne, aber auch Halbschatten.

Anthriscus cerefolium (Gartenkerbel)
H: 30–60 cm; B: 23–30 cm ●
Zweijährig; leuchtend grüne, fiederteilige Blätter und im Frühsommer weiße Blüten. Bitter und anisartig schmeckendes Küchenkraut; mag feuchten Boden und Halbschatten.

Artemisia (Beifuß)
Gattung winterharter und frostempfindlicher Halbsträucher, ein-, zwei- und mehrjährig; werden wegen ihrer schönen Blattstrukturen geschätzt. Brauchen Sonne und wasserdurchlässigen, eher basischen Boden. Im Frühjahr stark zurückschneiden.
A. abrotanum (Eberraute)
H: 90 cm; B: 30–60 cm ●
Der teilweise immergrüne graugrüne Halbstrauch hat in heißen Sommern gelbe Blüten.

A. absinthium (Wermut)
H: 90 cm; B: 60–90 cm ●
Silbergrauer Halbstrauch mit Fiederblättern und kleinen gelben Blüten im Sommer.
A. dracunculus (Estragon)
H: 45–100 cm; B: 30–38 cm ●
Mehrjähriges aromatisches Küchenkraut; lange schmale Blätter und kleine grüne Blüten, die sich in kühlen Sommern nicht öffnen. Die Blätter würzen Hähnchen, Eier und Salatsoßen. Vor Frost schützen.
***A.* 'Powis Castle'**
H: 60–90 cm; B: 1,2 m ●
Nichtblühende Zwergform mit silbrigen Blättern.

Borago officinalis (Borretsch)
H: 30–90 cm; B: 15–30 cm ●
Einjährig; leuchtend grüne, fleischige Blätter und fünfzählige blaue Blüten. Mag wasserdurchlässigen Boden und Sonne.

Buxus sempervirens (Gemeiner Buchs)
H: 2–5 m; B: 1,2–2 m ●
Dunkelgrüner, immergrüner Strauch; bestens geeignet für Einfassungen und Formschnitt. Silberbuchs (B. sempervirens 'Elegantissima'), eine langsam wachsende Zwergform, hat weißgerandete blaßgrüne Blätter. Einfassungsbuchs (B. sempervirens 'Suffruticosa'), 75 cm hoch und breit, hat ovalere und stärker leuchtend grüne Blätter. Er wächst langsam und dicht. Buchs mag wasserdurchlässigen Boden und Sonne oder Schatten. Im Frühjahr zur Wachstumsförderung stark zurückschneiden und im Spätsommer zurechtstutzen.

Centaurea (Flockenblume)
Gruppe distelartiger, im Sommer erscheinender Wiesenblumen, die Bienen und Schmetterlinge anziehen. Mögen volle Sonne und wasserdurchlässige, basische Böden.
C. nigra (Schwarze Flockenblume)
H und B: 30–60 cm ●
Mehrjährig; rötlich-violette Blüten von Frühsommer bis Frühherbst; wächst in Wiesen und Hecken.
C. scabiosa (Große Flockenblume)
H und B: 30–60 cm ●
Attraktive Pflanze mit fiederteiligen Blättern und großen rosafarbenen Blütenköpfen.

Chamaemelum nobile (Römische Kamille)
H: 15 cm; B: 45 cm ●
Immergrün, mehrjährig; bildet duftende grüne Knäuel mit gelbweißen, gänseblümchenartigen Blüten. Mag wasserdurchlässigen Boden und Sonne. C. nobile 'Flore Pleno' hat gefüllte Blüten. Die nichtblühende, rasenbildende C. nobile 'Treneague' wird nur 2,5 cm hoch.

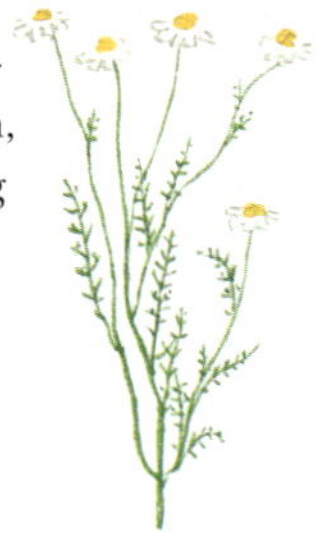

Cynara cardunculus (Artischocke)
H: 2 m; B: 90 cm ❖
Riesige Mehrjährige; große, graue Blätter und blaue, distelähnliche Blüten im Sommer. Braucht volle Sonne und in kälteren Gegenden Schutz vor Winterkälte.

Dianthus caryophyllus (Gartennelke)
H: 20–50 cm; B: 10–25 cm ●
Immergrün, mehrjährig; graugrüne Blätter und kleine, rosa- bis violettfarbene, duftende Blüten im Sommer. Verwendung der Blüten in Potpourris und Salaten. Mag wasserdurchlässigen, pH-neutralen bis basischen Boden und Sonne.

Digitalis purpurea (Roter Fingerhut)
H: 90 cm; B: 25 cm ●
Selbstaussäend, zweijährig; rauhhaarige, mittel- bis dunkelgrüne Blätter und große Blütenähren mit rosa und weißen Farbschattierungen. Mag es trocken und halbschattig. Alle Sorten sind giftig.

Eryngium
Gattung von Zwei- und Mehrjährigen mit großen, meist silbrig-grünen Blättern. Sie mögen volle Sonne und wasserdurchlässigen Boden.
E. agavifolium (Stranddistel)
H: 1,2–1,5 m; B: 45–60 cm ●
Ausdrucksvolle Mehrjährige mit spitzen. agaveartigen Blättern und grünweißen Blüten im Sommer.
E.* x *tripartitum
H: 90 cm; B: 45–60 cm ●
Mehrjährig; grobgezähnte Blätter und im Sommer leuchtend blaugraue, kardenartige Blüten. Mag volle Sonne und trockenen Boden.

Foeniculum vulgare (Echter Fenchel)
H: 1,8 m; B: 45 cm ●
Winterharte Zwei- oder Mehrjährige; hohler Stengel, zartgrüne Fiederblätter und im Sommer gelbe, flache Blütendolden. Mag wasserdurchlässigen Boden und volle Sonne. F. vulgare 'Purpureum' hat leuchtend dunkelbronzene Blätter, sät sich selbst aus und wird 1,2–1,5 m groß. F. vulgare dulce dagegen erreicht nur 60 cm. Seine weißen, anisartig schmeckenden Sproßknollen ißt man als Gemüse.

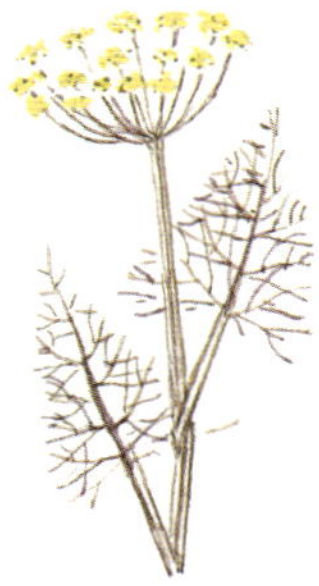

Fragaria vesca (Walderdbeere)
H: 25 cm; B: 20 cm ●
Winterharte Mehrjährige; Ausbreitung durch lange Ausläufer; grüne, gezähnte Blätter. Von Frühling bis Spätsommer vier- bis fünfzählige, in der Mitte gelbe Blüten, aus denen sich kleine rote Früchte entwickeln. Braucht nährstoffreichen Boden und Sonne oder Halbschatten.

***Galega officinalis* 'Alba'** (Echte Geißraute)
H: 90–150 cm; B: 60–90 cm ●
Mehrjährig; Ähren mit weißen Schmetterlingsblüten im Sommer. Mag wasserdurchlässigen Boden und Sonne oder Halbschatten.

Galium odoratum (Waldmeister)
H: 50 cm; B: unbestimmt ●
Mehrjährige, kriechende Pflanze; im Frühsommer weiße sternförmige Blüten; hellgrüne Blätter. Mag frisch-feuchten Boden und Schatten.

Helichrysum italicum (Currykraut)
H: 60 cm; B: 90 cm ●
Immergrüner Halbstrauch; zarte silbrige Blätter und gelbe Blüten im Sommer. Duftet nach dem Regen wie Curry. Mag wasserdurchlässigen Boden und viel Sonne.

Hyssopus officinalis (Ysop)
H: 45–60 cm; B: 60–90 cm ●
Teilweise immergrüner Halbstrauch; im Sommer violette oder blaue Blütenähren. H. officinalis roseus hat hellrosa Blüten, H. officinalis albus schmückt weiße Gärten. Der dichtere H. officinalis aristatus ist nur 30 cm hoch und breit. Mag wasserdurchlässigen bis trockenen Boden. Im Frühling kräftig zurückschneiden, um ihn dicht zu halten.

Laurus nobilis (Lorbeer)
H: 3–15 m; B: 9 m
Immergrünes, dicht wachsendes Holzgewächs mit kräftig grünem Laub und ledrigen, duftenden, spitzen Blättern. Im Frühling erscheinen kleine cremefarbene Blüten. Kann als Baum oder Pyramide zurechtgeschnitten werden. Beim Baum die Triebenden im Sommer beschneiden, damit die Krone dicht wird.

Lavandula (Lavendel)
Gattung duftender, immergrüner, vor allem im Sommer blühender Halbsträucher. Lavendelarten unterscheiden sich in Habitus, Blättern und Blütenfarben, viele eignen sich als niedrige Hecken. Um zu gedeihen, brauchen Sie kalkreichen, wasserdurchlässigen Boden und einen sonnigen, geschützten Platz.
L. angustifolia (Echter Lavendel)
H und B: 23–90 cm ●
Kleiner Halbstrauch mit filzigen, zunächst weißen, später grün werdenden Blättern und winzigen violettfarbenen Blüten im Sommer. Es gibt Varietäten in unterschiedlicher Höhe und Breite. 'Hidcote' wird oft für Hecken verwendet: aufrechter Habitus, graue Blätter und im Frühsommer stark duftende dunkelviolette Blüten. 'Munstead' ist eine frühblühende Sorte mit kleinen Blättern, 'Rosea', wie der Name schon sagt, rosafarben mit grünen bis graugrünen Blättern.
L.* x *intermedia
H und B: 60–90 cm ●
Sorte mit graugrünen Blättern und stark duftenden weißen Blüten von Früh- bis Spätsommer.
***L.* 'Sawyers'**
H: 45–60 cm; B: 90 cm T
Hybride; grüne Blätter und blauviolette, nach dem Öffnen violettfarbene Blüten.
L. stoechas (Schopflavendel)
H und B: 30–90 cm ❖
Hellgrüne Blätter, Blüten und Hochblätter violettfarben. In geschützer Lage ist er auch in kaltem Klima winterhart.

Levisticum officinale (Liebstöckel)
H: 1,8 m; B: 90 cm ●
Mehrjährig; kleine gelbe Blüten im Sommer, danach würzige Samen. Mag nährstoffreichen, feuchten Boden und Schatten oder Sonne.

Linaria (Leinkraut)
Ein- und mehrjährig; mögen wasserdurchlässigen Boden und Sonne oder Halbschatten.
***L. purpurea* 'Canon Went'** (Purpurleinkraut)
H: 60–90 cm; B: 30–45 cm ●
Mehrjährig; orangerosa Sommerblüten. Mag Sonne und lockeren Boden.
L. vulgaris (Gemeines Leinkraut)
H: 15–90 cm; B: 10–45 cm ●
Mehrjährig; gelbe Blüten von Sommer bis Herbst.

Linum perenne (Ausdauernder Lein)
H: 30–45 cm; B: 30 cm ●
Mehrjährig; himmelblaue Blüten von Frühsommer bis Frühherbst.

Malva moschata (Moschusmalve)
H : 30–60 cm; B: 60 cm ●
Malven sind reizvolle Rabattenpflanzen und wachsen gut in nährstoffarmem Boden. Diese Art hat zartrosa Blüten. Mag wasserdurchlässigen, nährstoffarmen Boden und Sonne oder Halbschatten.

Melissa officinalis (Zitronenmelisse)
H: 30–80 cm; B: 30–45 cm ●
Mehrjährig; gezähnte grüne Blätter mit Zitronenduft und im Sommer gelbe Blüten. Mag feuchten Boden und Sonne oder Halbschatten. Goldzitronenmelisse (M. officinalis 'Aurea') hat Blätter in Gelbtönen, die sonnenhungrige Melissa officinalis 'All Gold', die nur 30–60 cm hoch wird, sogar leuchtend goldene Blätter.

Mentha (Minze)
Alle aufgeführten Minzen sind mehrjährig und mögen nährstoffreichen, feuchten Boden sowie Sonne oder Halbschatten. Minze neigt zum Wuchern; daher im Kübel setzen.

M.* x *gracilis (Ingwerminze)
H: 30–90 cm; B: unbestimmt ●
Angenehmer Duft, lila Blüten im Sommer. *M.* x *gracilis* 'Variegata' hat fruchtig duftende, gelbgesprenkelte Blätter.

M.* x *longifolia (Roßminze)
H: 40–120 cm; B: unbestimmt ●
Filzig-graue Blätter mit Pfefferminzduft und lilafarbene oder weiße Blüten.

M.* x *piperita (Pfefferminze)
H: 30–90 cm; B: unbestimmt ●
Kriechende Sorte mit violett getönten Blättern. Die Kölnischwasser-Minze (M. x piperita 'Citrata') hat bronze-violettfarbene Blätter und duftet nach Lavendel.

M. pulegium (Poleiminze)
H: 10–40 cm; B: unbestimmt ●
Niedrig kriechend; kleine eiförmige Blätter.

M.* x *smithiana
H: 50 cm–1,5 m; B: unbestimmt ●
Kriechend; violettfarbene Blüten.

M. spicata (Grüne Minze)
H: 30–90 cm; B: unbestimmt ●
Blätter in Violettönen; Blüten lila-rosa oder weiß.

***M. suaveolens* 'Variegata'** (Ananasminze)
H: 40–90 cm; B: unbestimmt ●
Fruchtig duftende, créme-weiße Blätter.

Monarda fistulosa (Indianernessel)
H: 1,2 m; B: 45 cm ●
Mehrjährig; graugrüne Blätter und lila bis rosa Blüten. Mag nährstoffreichen, feuchten Boden und volle Sonne.

Myrtus communis (Gemeine Myrte)
H und B: 3 m ❖
Immergrüner Strauch, bildet in mildem Klima dichte Hecken. Seine duftenden, eiförmig-lanzetten Blätter glänzen dunkelgrün. Von Frühling bis Hochsommer duftende weiße Blüten; schwarzviolette Früchte. Mag wasserdurchlässigen, pH-neutralen bis basischen Boden und volle Sonne. Im Frühling stutzen und beschädigte oder tote Sprosse abschneiden.

Nepeta (Katzenminze)
Mehrjährige; sollte nach der Blüte stark gestutzt werden, damit sie nochmals blühen. Mag frisch-feuchten Boden und Sonne. Ihr volkstümlicher Name leitet sich von ihrer Wirkung auf Katzen ab, die die Pflanze fressen und sich darin wälzen.

N. cataria (Echte Katzenminze)
H: 30–90 cm; B: 23–60 cm) ●
Stechender Geruch; aufrechter Stengel und graugrüne, eiförmige, gezähnte Blätter. Die weißen, violettgefleckten, röhrenförmigen Blüten erscheinen vom Sommer bis Herbstmitte.

N.* x *faassenii
H und B: 45 cm ●
Winterhart; bildet dichte Büschel kleiner graugrüner, würzig duftender Blätter und im Frühsommer lavendelblaue Blütenähren. Die dekorative Hybride wirkt weniger stark auf Katzen und wird nicht arzneilich verwendet.

***N.* 'Six Hills Giant'**
H: 60 cm; B: 90 cm ●
Malvenfarbigblaue Blüten im Sommer; wächst schnell und bringt viel Blattwerk hervor.

Ocimum basilicum (Basilikum)
H: 20–60 cm; B: 15–45 cm W
Einjährig; mit würzig duftenden grünen Blättern und weißen röhrigen Blüten. O. basilicum 'Anise' hat violettfarbene Blätter, rosa Blütenähren und anisartiges Aroma. O. basilicum purpur-ascens hat violette Blätter und das niedrige Griechische Basilikum (O. basilicum minimum) weiße Blüten. Sie mögen nährstoffreichen, wasserdurchlässigen bis trockenen Boden und Sonne.

Origanum (Dost)
Mehrjährig, z.T. Halbsträucher; mögen wasserdurchlässigen bis trockenen, pH-neutralen bis basischen Boden und Sonne.

O. marjorana (Majoran)
H: 60 cm; B: 45 cm ◗
Rotbraune Stengel, behaarte graugrüne Blätter und ab Spätsommer weiße bis rosa Blüten.

O. onites (Kretischer Dost)
H und B: 60 cm ●
Behaarte Blätter und im Sommer und Frühherbst weiße, oft auch violette Blüten.

O. vulgare (Echter Dost)
H und B: 45–75 cm ●
Dichtwachsende Art mit violettbraunem Stengel, eiförmigen Blättern und Büscheln rosafarbener Blüten im Sommer. 'Gold-Tip' hat im Frühjahr gelbgefleckte Blätter, 'Country Cream' hat gesprenkelte und Golddost (O. vulgare 'Aureum') gelbgrüne Blätter.

Petroselinum crispum (Petersilie)
H: 30–80 cm; B: 30 cm ❖
Zweijähriges Aromakraut; dreieckige Blätter und im Sommer kleine gelbgrüne Blüten. Mag nährstoffreichen, wasserdurchlässigen Boden und Sonne oder Halbschatten. P. crispum 'Moss Curled' wird nur 30 cm hoch und hat dichtes, gekräuseltes Laub.

Die frostharte Sorte P. crispum 'Italian' ist 38–60 cm hoch und breit und hat flache dunkelgrüne Blätter.
Polygonum bistorta (Schlangenknöterich)
H: 45 cm; B: 30 cm ●
Mehrjährig; wächst in Büscheln und hat breite eiförmige Blätter. Ab Frühsommer rosa Blüten in dichten Ähren; danach harte Nüßchen.

Potentilla erecta (Blutwurz)
H: 50 cm; B: 30 cm ●
Mehrjährig; verholzter Wurzelstock und verzweigte Stengel. Ab Frühsommer kleine, gelbe, vierzählige Blüten. Mag Sonne oder leichte Beschattung.

Rosmarinus officinalis (Rosmarin)
H: 1,8 m; B: 1,5–1,8 m ❖
Immergrüner Aromastrauch mit abgestumpft nadelförmigen Blättern und röhrigen Lippenblüten im Frühling. Die Blüten sind hell- bis dunkelblau, selten rosa oder weiß. Mag wasserdurchlässigen, pH-neutralen bis basischen Boden und Sonne; braucht Schutz vor Winterkälte. Nach der Blüte beschneiden, im Frühjahr alte Stengel und vorstehende Triebe abschneiden.

Ruta graveolens (Weinraute)
H: 60 cm; B: 45 cm ●
Immergrüne oder teilweise immergrüne Halbsträucher; mögen wasserdurchlässigen, pH-neutralen bis basischen Boden und Sonne. 'Jackman's Blue' hat blaugrüne Blätter, Ruta graveolens 'Variegata' cremeweiße Zeichnung und gelegentlich ganz weiße Blätter.

Salvia (Salbei)
Mag wasserdurchlässigen bis trockenen, pH-neutralen bis basischen Boden und Sonne. Pflanzen ersetzen, sobald sie kümmern oder holzig werden.
S. elegans (Ananassalbei)
H und B: 90 cm ❖
Immergrün; mehrjährig; Blätter mit Ananasduft. Im Winter rote bis rosa Blütenähren.
S. officinalis (Gartensalbei)
H: 60–80 cm; B: 1m ●
Immergrüner, mehrjähriger Halbstrauch; samtige graugrüne Blätter und im Sommer lila bis violette, rosa oder weiße Blütenähren. Purpursalbei (S. officinalis Purpurascens-Gruppe) hat violette und graue, Salvia officinalis 'Icterina' gelbgesprenkelte Blätter. 'Kew Gold' wird nur 30 cm hoch.

S. sclarea turkestanica (Muskatellersalbei)
H: 90 cm; B: 60 cm ●
Bunte Sorte mit rosa Stengel, rosa bis weißen Tragblättern und blaßblauen bis weißen Blüten.

Santolina chamaecyparissus (Zypressenkraut)
H: 20–50 cm; B: 60 cm ●
Aromastrauch mit weißen Blättern und gelben Blüten im Sommer. Mag lockeren, wasserdurchlässigen bis trockenen Boden und Sonne; erträgt sandige oder magere basische Böden. Im Herbst stutzen und im Frühjahr stark zurückschneiden.

Saponaria officinalis (Gemeines Seifenkraut)
H: 30–90 cm; B: 60 cm ●
Mehrjährig mit Rhizom; spitze Blätter und von Hochsommer bis Herbstmitte duftende rosa Blüten. Mag frisch-feuchten, pH-neutralen bis basischen Boden und Sonne oder Halbschatten.

Satureja (Bohnenkraut)
Zierkraut, das wasserdurchlässigen bis trockenen, pH-neutralen bis basischen Boden und Sonne mag. Neue Triebe im Frühjahr kürzen und Pflanzen im Herbst oder Frühjahr zurückschneiden.
S. hortensis (Garten-Bohnenkraut)
H: 10–38 cm; B: 17–75 cm ●
Einjährig; verästelter Stengel und kurzstielige Blätter. Im Sommer lila bis weiße oder violette Blüten.
S. montana (Winterbohnenkraut)
H: 10–40 cm; B: 8–20 cm ●
Immergrüner Halbstrauch; spitze Blätter und im Sommer weiße bis blaßrosa oder violettfarbene Blütenwirtel.

Symphytum (Beinwell)
Zierstrauchgattung, die feuchten bis nassen Boden und Sonne oder Halbschatten mag.
S. officinale (Gemeiner Beinwell)
H: 60–120 cm; B: 30–60 cm ●
Mehrjährig; borstig behaart mit großen eiförmigen bis lanzettförmigen Blättern und violetten bis weißen, trichterförmigen Blüten im Sommer.
S. x uplandicum
H: 1.8 m ; B: 90 cm ●
Rosa Blüten, die später blau werden. S. x uplandicum 'Variegatum' wird nur 90 cm hoch und hat unregelmäßig-elfenbeinfarbenes Blattwerk.

Tanacetum
Winterharte Ein- und Mehrjährige; mögen wasserdurchlässigen bis trocken-steinigen Boden und Sonne. Zur Vermeidung zu starken Selbstaussäens Blütenköpfe abschneiden.
T. densum
H: 15 cm; B: unbestimmt ◗
Graue Fiederblätter; gut als Bodendecker geeignet.
***T. parthenium* 'Aureum'** (Goldmutterkraut)
H und B: 20–45 cm ●
Hervorragende Sorte mit strahlend goldenen Blättern.

T. vulgare (Rainfarn)
H: 60–120 cm; B: unbestimmt ●
Mehrjährige Aromapflanze; dunkelgrüne Blätter und im Spätsommer und Herbst Büschel gelber, knopfartiger Blüten.
T. vulgare crispum wird nur 60 cm hoch und zeigt besonders im Frühjahr markant geformtes Laub.

Teucrium (Germander)
Gruppe von Mehrjährigen und Sträuchern, die wasserdurchlässigen bis trockenen Boden und Sonne mögen.
T. chamaedrys (Echter Germander)
H und B: 10–25 cm ●
Strauchartig; für niedrige Hecken geeignet; aufrechter Stengel und glänzende, aromatische Blätter. Im Frühjahr und Herbst kleine, violett- bis rosafarbene, röhrige Blüten. Abgeblühte Teile entfernen, um dichten Wuchs zu fördern.
T. fruticans
H: 30 cm; B: 90 cm T
Grüne Blätter und im Sommer helle, blauviolette Blüten.

Thymus (Thymian)
Winterhart, mag wasserdurchlässigen Boden und Sonne. Wächst gut in Kies und Pflasterritzen. Nach der Blüte zur Wuchsförderung zurückschneiden.

T. x citriodorus (Zitronenthymian)
H: 25–30 cm; B: 60 cm ●
Blätter mit Zitronenduft, blaßlila Blüten. T. x citriodorus 'Bertram Anderson' wird nur 15–23 cm hoch und hat goldenes Laub, 'Archer's Gold' hellviolette Blüten. T. x citriodorus 'Aureus' hat bei einer Höhe von 10–15 cm goldgesprenkelte Blätter. Die Blätter von 'Silver Queen' färben sich im Winter rosa.
T. 'Doone Valley'
H: 10–15 cm; B: 45 cm ●
Violette Blüten und grün-goldene Blätter mit Zitronenduft.
T. herba-barona (Kümmel-Thymian)
H: 5–10 cm; B: 60 cm ●
Breiter Halbstrauch mit kleinen, dunkelgrünen Blättern, deren Duft an Kümmel erinnert; rosa- bis malvenfarbenen Blüten im Hochsommer.
T. polytrichus (Langhaariger Thymian)
H: 5 cm; B: 45 cm ●
Rasenbildend; behaarte Blätter und im Sommer violette Blüten.
T. 'Porlock'
H: 10–15 cm; B: 45 cm ●
Violette Blüten und grüngoldene Blätter mit Zitronenduft.
T. pseudolanuginosus (Wolliger Thymian)
H: 2–9 cm; B: 90 cm ●
Markanter Zwergstrauch, der dichte Rasen graugrüner, wolliger Blätter und im Frühsommer einige zartrosa Blüten bildet.
T. serpyllum (Feldthymian)
H: 2–9 cm; B: 90 cm ●
Mehrjährig; im Sommer rosa Blüten. 'Annie Hall' hat blaßgrüne Blätter und rosa Blüten. 'Pink Chintz' hat graugrüne Blätter und wird nur 60 cm breit. 'Lemon Curd' hat Blätter mit Zitronenduft und rosafarbene Blüten, 'Russetings' wird 1–7 cm hoch und hat bronzefarbenes Laub. Die Blätter von T. serpyllum coccineus sind karmesinrot bis rosa.
T. vulgaris (Echter Thymian)
H: 30–45 cm; B: 60 cm ●
Aufrecht wachsender Halbstrauch; graugrüne Blätter und weiße bis blaßviolette Blüten. Silberthymian (T. vulgaris 'Silver Posie') wird nur 25 cm hoch und hat graugescheckte Blätter sowie hellmalvenfarbene Blüten. T. vulgaris aureus ist wunderbar golden. Der weißblühende T. vulgaris albus bleibt niedrig.

Tropaeolum majus (Kapuzinerkresse)
H: 3 m; B: 1,5–1,8 m ●
Schnellwüchsige, kletternde Einjährige; runde Blätter, gelbe bis orangene Blüten. Mag wasserdurchlässigen, eher mageren Boden und Sonne.

Valeriana officinalis (Arznei-Baldrian)
H: 1,5 m; B: 1,2 m ●
Mehrjährig; unregelmäßig fiederteilige Blätter und im Sommer dichte rosa oder weiße Blütenstände; kleine Samen mit weißem Haarschopf. Mag feuchten Boden und Sonne oder Schatten.

Verbascum thapsus (Kleinblütige Königskerze)
H: 1,8 m; B: 90 cm ●
Große Zweijährige mit graugrünen, wollig behaarten Blättern, die im ersten Jahr eine Rosette bilden. Die gelben Blüten stehen im Sommer in dichten, endständigen Ähren. Mag wasserdurchlässigen bis trockenen Boden und Sonne.

Verbena officinalis (Eisenkraut)
H: 80 cm; B: 60 cm ●
Mehrjährig; Fiederblätter und im Sommer winzige lila Blüten an schlanken Ähren. Mag frisch-feuchten Boden und Sonne.

Viola tricolor (Stiefmütterchen)
H und B: 38 cm ●
Im Frühling und Sommer Blüten mit unterschiedlichen Farbkombinationen aus Violett, Lila, Weiß und Gelb. Mag frisch-feuchten Boden und Sonne oder Halbschatten.

Bezugshinweis

Die im Buch bei den einzelnen Vorschlägen genannten Materialien und Ausrüstungsgegenstände sowie viele der aufgeführten und eventuell noch andere Kräutersorten sind in guten Bau- und Gartenmärkten sowie im einschlägigen Fach- und Versandhandel erhältlich.

Danksagungen

George Carter hat die Vorschläge für dieses Buch entworfen, mit Ausnahme der folgenden:

Kräuter mit ausdrucksvollem Blattwerk (Entwurf: Ethne Clarke)
Kräuter-Ornamentgärtchen (Entwurf: The Lady Tollemache, Helmingham Hall)
Kräutergärtchen mit Klinkereinfassung (Entwurf: Anthony O'Grady, Head Gardener, Penshurst Place, Kent)
Blumenwiese (Entwurf: Countryside Wildflowers, Marnie Hall)
Natürliches Beet (Entwurf: Brian und Rosemary Clifton-Sprigg, Norfolk Herbs)
Thymianbeet (Entwurf: Lower Severalls, Somerset)
Kräutergesäumter Weg (Entwurf: Lucy Huntington)

Die Fotos in diesem Buch wurden von Marianne Majerus aufgenommen, mit Ausnahme der folgenden: Fotos zu „Beet in Violettönen", „Thymianbeet" und „Kräutergesäumter Weg" (Fotos: Clive Nichols).

Die Abbildungen zu „Grundtechniken" stammen von Amanda Patton.

Register

Seitenzahlen in *Kursivschrift* weisen auf Abbildungen hin.

Danksagung des Autors

Der Autor dankt den vielen Personen, die an der Entstehung dieses Buches beteiligt waren. Auch Anne Ryland, Jacqui Small und Marianne Majerus, deren Fotografien dieses Buch so schön machen; Caroline Davison für das Lektorat; Caroline Davison und Larraine Shamwana für die Unterstützung beim Fotografieren; Mark Latter für die Grafik; John Powles und *The Romantic Garden Nursery,* die ihre herausragenden Zierschnitte und Kräuter zur Verfügung stellten; Brian und Rosemary Clifton-Sprigg, die viele schöne Pflanzen zur Verfügung stellten und deren herausragende Zucht wir fotografieren durften; Jane Seabrook und *The Chelsea Gardener* für die Benutzung ihrer Pflanzen und der entzückenden Pflanzenzucht. Folgenden Personen, die uns ihre schönen Gärten als Hintergrund geliehen haben: Ethne Clarke, Mr. und Mrs. David Cargill, Mr. und Mrs. Robert Clarke, The Chelsea Physic Garden, Viscount und Viscontess De L'Isle, Mrs. Clive Hardcastle, The Lady Tollemache, Mr. und Mrs. Richard Winch, Mr. und Mrs. Derek Howard, Major Charles Fenwick. Dank auch an Peter Goodwins, der viele Projekte aufgebaut hat, und Jill Hawer, die die Texte getippt hat.